# plurall

CB137815

Parabéns!
Agora você faz parte do **Plurall**, a plataforma digital do seu livro didático!
No **Plurall**, você tem acesso gratuito aos recursos digitais deste livro por meio do seu computador, celular ou *tablet*.
Além disso, você pode contar com a nossa tutoria *on-line* sempre que surgir alguma dúvida sobre as atividades e os conteúdos deste livro.

Incrível, não é mesmo?
Venha para o **Plurall** e descubra uma nova forma de estudar!
Baixe o aplicativo do **Plurall** para Android e IOS ou acesse **www.plurall.net** e cadastre-se utilizando o seu código de acesso exclusivo:

**AAPHZGNM4**

Este é o seu código de acesso Plurall. Cadastre-se e ative-o para ter acesso aos conteúdos relacionados a esta obra.

@plurallnet

@plurallnetoficial

SOMOS EDUCAÇÃO

# De mãos dadas

ÉTICA E CIDADANIA

8

Ensino Religioso

Avelino A. Correa

Graduado em Teologia e Filosofia.
Professor e conferencista de Ensino Religioso e Filosofia.
Prêmio Jabuti em 2001 pelo livro *Para filosofar*, editora Scipione.

Amélia Schneiders

Licenciada em Pedagogia.
Professora de Ensino Religioso nos Ensinos Fundamental e Médio.
Professora de Didática e Prática de Ensino em cursos de magistério.

editora scipione

editora scipione

**Direção de inovação e conteúdo:** Guilherme Luz
**Direção editorial:** Luiz Tonolli e Renata Mascarenhas
**Gestão de projeto editorial:** Mirian Senra
**Gestão e coordenação de área:** Wagner Nicaretta e Brunna S. Paulussi (Ciências Humanas)
**Edição:** Solange Mingorance, André Luiz Botelho Fonseca (assist.)
**Colaboração:** Andréia Szcypula
**Gerência de produção editorial:** Ricardo de Gan Braga
**Planejamento e controle de produção:** Paula Godo, Roseli Said, Marcos Toledo
**Revisão:** Hélia de Jesus Gonsaga (ger.), Kátia Scaff Marques (coord.), Rosângela Muricy (coord.), Ana Paula C. Malfa, Brenda Morais, Carlos Eduardo Sigrist, Gabriela M. de Andrade, Heloísa Schiavo, Larissa Vazquez e Vanessa de Paula Santos
**Edição de arte:** Claudio Faustino (coord.), Simone Zupardo Dias (edição de arte)
**Diagramação:** Livia Vitta Ribeiro
**Iconografia e licenciamento de texto:** Sílvio Kligin (superv.), Cristina Akisino e Denise Kremer (coord.), Iron Mantovanello (pesquisa iconográfica), Liliane Rodrigues e Luciana Sposito (licenciamento de texto)
**Tratamento de imagem:** Cesar Wolf, Fernanda Crevin
**Ilustrações:** André Valle, Biry Sarkis
**Cartografia:** Eric Fuzii (coord.)
**Capa:** Gláucia Correa Koller (coord.) e Aurelio Gadini Camilo
**Foto de capa:** Darryl Brooks/Shutterstock
**Projeto gráfico de miolo:** Gláucia Correa Koller (coord.), Talita Guedes da Silva


Avenida das Nações Unidas, 7221, 1º andar, Setor D
Pinheiros – São Paulo – SP – CEP 05425-902
Tel.: 4003-3061
www.scipione.com.br / atendimento@scipione.com.br

**Dados Internacionais de Catalogação na Publicação (CIP)**
**(Câmara Brasileira do Livro, SP, Brasil)**

Correa, Avelino A.
De mãos dadas : ética e cidadania, ensino religioso / Avelino A. Correa, Amélia Schneiders. -- 9. ed. -- São Paulo : Editora Scipione, 2017. -- (Coleção de mãos dadas)

Suplementado pelo manual do professor
Bibliografia
ISBN: 978-85-474-0031-6 (aluno)
ISBN: 978-85-474-0035-4 (professor)

1. Educação religiosa (Ensino fundamental) I. Schneiders, Amélia. II. Título III. Série.

17-04959 CDD-377.1

**Índices para catálogo sistemático:**

1. Educação religiosa nas escolas 377.1
2. Ensino religioso nas escolas 377.1
3. Religião: Ensino fundamental 377.1

**2020**
ISBN 978 85 474 0031 6 (AL)
ISBN 978 85 474 0035 4 (PR)
Código da obra CL 740097
CAE 621384 (AL) / 621385 (PR)
9ª edição
3ª impressão



Impressão e acabamento
Log&Print Gráfica e Logística S.A.

Uma publicação SOMOS EDUCAÇÃO

# Apresentação

Nossa viagem começa nos primeiros segundos de vida, no primeiro abraço da mãe, na alegria festiva de nossos familiares e amigos e segue mundo afora, com alegrias, dúvidas, frustrações, medos, amores, conquistas e celebrações. A jornada termina em nosso último suspiro, que, assim como aqueles segundos iniciais de vida, é um momento único.

Nesta coleção, vamos refletir sobre a vida e sobre como podemos tornar essa caminhada mais prazerosa, justa e ética – para nós e para os outros.

Aprenderemos, assim, a buscar a verdade, a entender o amor, a serenar as angústias e a continuar em frente diante de tantas opções nessa jornada chamada vida.

O nome Prometeu, personagem da mitologia grega que ofereceu a sabedoria à humanidade ensinando-a a utilizar o fogo, significa "aquele que pensa antes de realizar alguma ação". Sejamos como Prometeu, refletindo antes de agir para evitar que a imprudência nos carregue em direção às armadilhas que aparecem em nosso percurso rumo ao amadurecimento.

Independentemente de sua crença, nosso objetivo é auxiliá-lo a reconhecer os caminhos que podem levá-lo a uma vida boa e ética, sempre agindo com respeito a você mesmo e ao próximo.

**Os autores**

# Conheça seu livro

Este livro é composto de cinco unidades, divididas em três capítulos cada.

As **aberturas de cada unidade** estão sempre em página dupla. Nelas, você encontra imagens que ajudam na reflexão sobre o conteúdo a ser estudado, embasadas por duas perguntas motivadoras que iniciam a discussão coletiva acerca dos diversos temas da unidade.

Cada **abertura de capítulo** traz uma epígrafe com informações pertinentes aos estudos do tema do capítulo.

O **texto introdutório** é muito importante, pois apresenta o tema a ser estudado no decorrer do capítulo.

A seção **Para ler e pensar** está presente no final de cada capítulo, com textos que estimulam a reflexão a respeito de assuntos relacionados ao tema estudado. Sempre leia esses textos e converse sobre eles com seus pais ou responsáveis, colegas e professores.

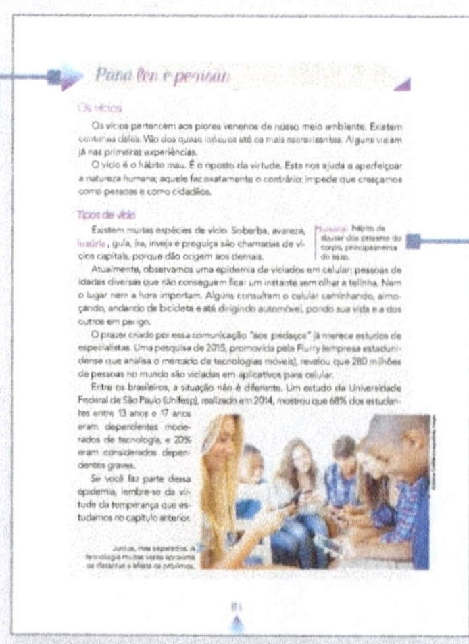


Ao longo de todo o material há indicações de **glossário**. Esse recurso permite encontrar o significado de palavras ou expressões, contribuindo para a compreensão dos conteúdos.

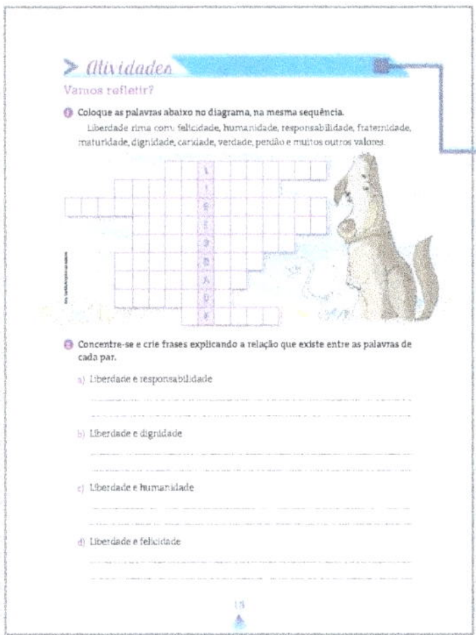

Todos os capítulos apresentam **atividades** que auxiliam a compreensão e o entendimento do conteúdo. Essas atividades focam na retenção do conhecimento e podem ser orais, escritas e realizadas individualmente, em dupla ou mesmo em grupo.

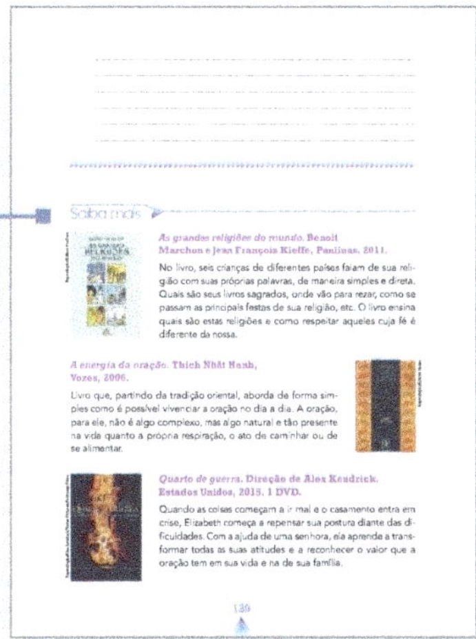

Ao final de cada unidade, a seção **Saiba mais** traz indicações de filmes, documentários, *sites*, livros ou palestras que vão ajudá-lo a ampliar o conhecimento sobre os assuntos estudados. Todo o material sugerido pode ser visto tanto em sala de aula quanto em casa.

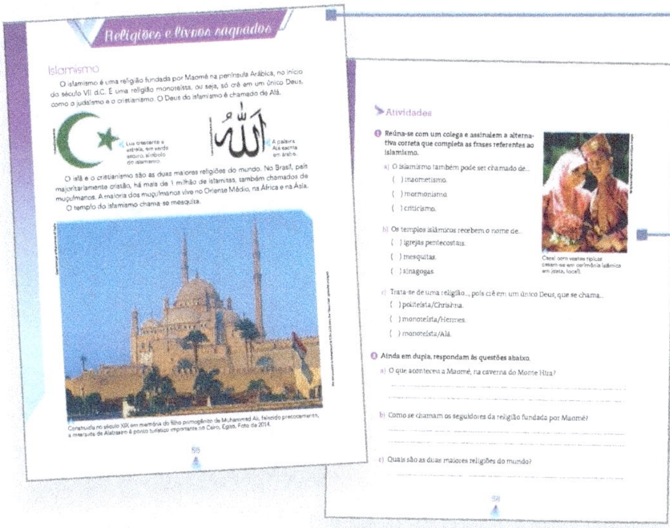

Para finalizar, cada unidade traz uma seção muito especial chamada **Religiões e livros sagrados**, em que são dadas informações mais detalhadas sobre algumas das principais religiões e suas crenças. Além disso, são abordados alguns dos livros considerados sagrados para várias religiões.
Após o texto da seção, há **atividades** ligadas especificamente ao seu conteúdo.

Ao final da obra você encontra a **Bibliografia**, com indicações que podem auxiliá-lo no aprofundamento do estudo e da pesquisa relacionados ao Ensino Religioso.

# Sumário

## UNIDADE 3 Paz, fruto da árvore boa ..... 60

U.S. National Arboretum/U.S. Department of Agriculture



## UNIDADE 4 Além dos limites humanos ..... 86

Norway Ingram Publishing/Getty Images



## UNIDADE 5 A oração como deve ser ..... 114

Biry Sarkis/Arquivo da editora

UNIDADE 1

# Você filósofo: liberdade

1. O que é liberdade?
2. Escolhas e renúncias
3. O destino

Voar é um dos símbolos de liberdade.

Paper Boat Creative/Getty Images

Zenos Frudakis/16th and Vine Streets, Filadélfia, EUA.

Ninguém festeja tanto a liberdade quanto quem se libertou da prisão.
*Liberdade*, 2001, escultura em bronze, localizada na Filadélfia, Estados Unidos, do artista Zenos Frudakis (6,09 m × 2,43 m). Foto de 2012.

1. A liberdade é uma característica humana. O que é ser livre para você?
2. O que você entende por destino? Você acredita no destino? Por quê?

Capítulo 1

# O que é liberdade?

**Se encontras um escravo adormecido, não o desperte; talvez esteja sonhando com a liberdade.**

GIBRÁN, Khalil. ***Um brinde à vida***. São Paulo: Vergara & Riba Editoras, 2000. p. 104.

PM Images/Getty Images

Fugindo para a liberdade.

[...] Liberdade! Liberdade!

Abre as asas sobre nós! [...]

MEDEIROS E ALBUQUERQUE; MIGUEZ, Leopoldo A. Trecho do *Hino da Proclamação da República*.

Liberdade é a capacidade de fazer ou não fazer algo, sem ser coagido. É a capacidade de dizer sim ou não. Você pode dizer sim ou não ao desejo de comer chocolate; pode dizer sim ou não à vontade de ir a um jogo de futebol de seu time; pode dizer sim ou não ao ato de jogar lixo nas calçadas; etc.

Neste capítulo, vamos conhecer um pouco sobre a essência da liberdade: a capacidade de escolha.

## Bem e mal, poder e dever

Para você entender melhor o que é liberdade, vamos refletir sobre os conceitos de: **bem**, **mal**, **poder** e **dever**.

- **Bem** é tudo o que nos ajuda a ser felizes: amor, alegria, paz, cultura, amizade, lazer, etc.
- **Mal** é o contrário do bem: é ódio, briga, violência, miséria, ignorância, vício, etc.
- **Poder** aqui tem o significado de "ter possibilidade". Por ser pessoa dotada de liberdade, você pode optar pelo mal. Mas será que vale a pena praticar o mal? Não, não vale.
- **Dever** nesse caso tem o significado de probabilidade, aquilo que é possível. Por isso, dizemos que você pode fazer o mal, mas não deve. O mal poderá, inclusive, acabar com parte de sua liberdade. Os viciados, por exemplo, são escravos de seus vícios e muitas vezes não têm a clareza necessária para fazer suas escolhas.

## Liberdade e responsabilidade

Em filosofia, a responsabilidade constitui a consequência necessária da liberdade. O ato livre é necessariamente um ato pelo qual se deve responder. Porque sou livre, tenho de assumir as consequências de minhas ações e omissões.

Já os animais, por não terem consciência de suas escolhas (diferentemente dos seres humanos), não são responsáveis pelo que fazem ou deixam de fazer. Isso porque suas ações muitas vezes são determinadas pelos instintos característicos de cada espécie.

A liberdade permite que surjam pessoas más, como o ex-estadista alemão Adolf Hitler, mas também pessoas generosas, como a religiosa católica brasileira Irmã Dulce.

Roger Viollet/Getty Images

Adolf Hitler (1889-1945), ditador da Alemanha entre 1933 e 1945 e principal responsável pela morte de milhões de judeus durante a Segunda Guerra Mundial. Foto de 1935.

### *Os limites da liberdade*

Você é livre. Por isso, pode viajar a qualquer lugar que queira, conforme sua situação econômica.

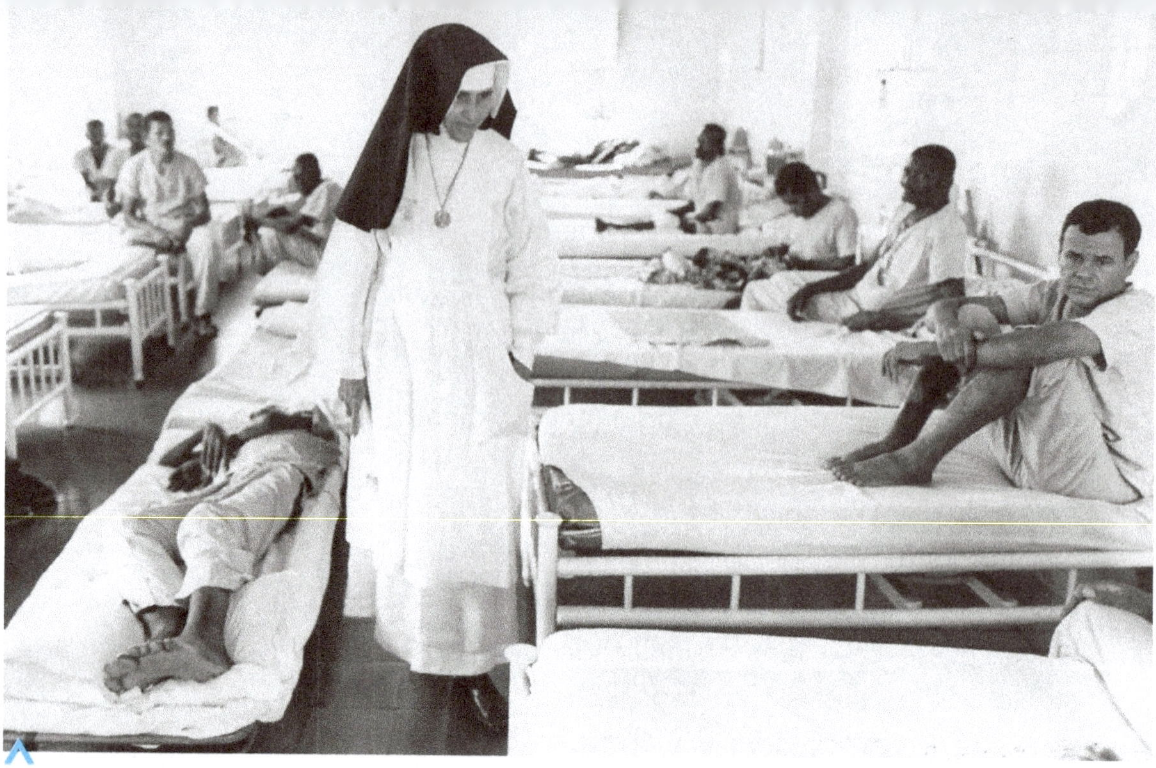

Arquivo/Agência O Globo

Irmã Dulce (1914--1992) dedicou-se a obras de caridade que ganharam repercussão mundial. Foi indicada ao prêmio Nobel da Paz em 1988.

Você é livre. Por isso, pode abandonar o colégio hoje mesmo. Mas isso pode lhe custar caro mais tarde, quando precisar se sustentar financeiramente, por exemplo.

Como você vê, na prática, a liberdade é limitada por uma série de fatores, mas isso não diminui sua importância.

## Para ler e pensar

### As várias formas de liberdade

A liberdade é qualificada de acordo com o objeto a que se refere. Por exemplo, liberdade física é a que nos confere o direito de locomoção de ir e vir. Quando somos privados desse direito por ilegalidade ou abuso de poder, a Constituição nos garante o recurso jurídico do *habeas corpus* (em latim, "que tenhas o [teu] corpo"), por meio do qual se pode revogar uma prisão considerada injusta.

A liberdade política nos concede o poder de atuar nos rumos da organização da sociedade.

A liberdade jurídica nos torna iguais em direitos e deveres perante a lei.

A liberdade religiosa nos permite seguir o credo de nossa preferência ou de não seguir nenhum credo.

A liberdade profissional nos dá a possibilidade de seguir a profissão que vá ao encontro de nossos interesses e tendências.

CORREA, Avelino Antônio et al. *Para filosofar*. São Paulo: Scipione, 2012. p. 90.

## Atividades

### Vamos refletir?

**1** **Coloque as palavras abaixo no diagrama, na mesma sequência.**

Liberdade rima com: felicidade, humanidade, responsabilidade, fraternidade, maturidade, dignidade, caridade, verdade, perdão e muitos outros valores.

Biry Sarkis/Arquivo da editora

**2** **Concentre-se e crie frases explicando a relação que existe entre as palavras de cada par.**

a) Liberdade e responsabilidade

______________________________________________

______________________________________________

b) Liberdade e dignidade

______________________________________________

______________________________________________

c) Liberdade e humanidade

______________________________________________

______________________________________________

d) Liberdade e felicidade

______________________________________________

______________________________________________

**3** **Para reconhecer os diversos tipos de liberdade, faça a correspondência entre as duas colunas.**

( A ) Liberdade física
( B ) Liberdade política
( C ) Liberdade jurídica
( D ) Liberdade religiosa
( E ) Liberdade profissional

(   ) Seguir a religião que quiser.
(   ) Direito de escolher a profissão.
(   ) Direito de ir e vir.
(   ) Direitos e deveres iguais.
(   ) Atuar na organização da sociedade.

## Pensando juntos

**4** **Em duplas, reflitam e respondam às questões abaixo.**

a) Vocês conhecem a Estátua da Liberdade? Se conhecerem, escrevam como foi a experiência. ______________________

______________________

______________________

b) Para conhecê-la melhor, pesquisem onde se situa sua versão original e qual a sua origem.

______________________

______________________

c) O que representa a tocha acesa na mão erguida da estátua?

______________________

______________________

d) Vocês sabiam que há várias réplicas da Estátua da Liberdade pelo mundo afora, inclusive no Brasil? Descubram se há uma na sua cidade e, caso tenha, façam uma pesquisa sobre a história dessa estátua. Caso não tenha, busquem informações sobre as réplicas existentes no Brasil.

**5** **As nações do mundo sempre lutaram para conquistar e manter sua liberdade. Observe como os nossos hinos revelam isso.**

a) O hino da Proclamação da República, por exemplo, é uma bela homenagem à liberdade. Escreva abaixo o refrão que confirma isso.

______________________

______________________

______________________

______________________

b) Nosso Hino Nacional, por sua vez, descreve de forma poética a conquista da liberdade. Cante este trecho do hino e complete-o com as partes que confirmam isso.

Ouviram do Ipiranga as margens plácidas

De um povo heroico o brado retumbante,

_______________________________________________

_______________________________________________

Se o penhor dessa igualdade

Conseguimos conquistar com braço forte,

_______________________________________________

_______________________________________________

## Trocando ideias

**6** **Leia e comente com o professor e os colegas. Depois responda às questões abaixo.**

Um homem observava uma borboleta que, durante horas, se esforçava para sair do casulo, por um pequenino buraco.

Em certo momento ela parou de fazer qualquer esforço. O homem, então, decidiu ajudá-la e, com uma tesoura, abriu cuidadosamente o restante do casulo. Assim a borboleta saiu facilmente. Mas o seu corpo estava murcho e as asas amassadas.

O homem, que continuava a observá-la, esperou que a qualquer momento as asas dela se abrissem e ela voasse. Mas nada aconteceu!

Na verdade, a borboleta passou o resto de sua vida rastejando. Ela nunca foi capaz de voar...

AQUINO, Felipe. *Sabedoria em parábolas*. Lorena: Cléofas, 2001. p. 69.

- **Agora reflita: O que essa história nos ensina? Assinale abaixo as respostas possíveis.**

( ) Não espere que lhe deem facilidades.

( ) Deixe os outros agirem por você.

( ) Vá à luta e conquiste o seu espaço.

( ) Ninguém é livre sem esforço.

( ) Sua liberdade depende muito de você.

( ) Nas dificuldades é melhor desistir.

( ) A liberdade é uma longa conquista.

Capítulo 2

# Escolhas e renúncias

**Livre é quem aprendeu a livrar-se daquilo que o impede justamente de ser livre.**

CHAGAS, Wilson. ***Joias do pensamento brasileiro***. Rio de Janeiro: Ediouro, [s.d.]. p. 184.

Jakkarin Chuenaka/Shutterstock

Quem não duvida?

Viver é escolher, tomar decisões. Escolhemos amigos, alimentos, roupas, programas de TV, times de futebol, filmes, livros...

Mas as escolhas nem sempre são simples e fáceis como optar entre andar de *skate* ou de bicicleta. Há escolhas difíceis. Daqui a alguns anos, você vai poder optar por um deputado entre vários candidatos. É uma grande responsabilidade.

Neste capítulo, vamos compreender a importância de fazer escolhas responsáveis para seguirmos com mais alegria e segurança rumo à maturidade.

## Atos e consequências

Sempre escolhemos o que consideramos melhor para nós. Mas eis o problema: nem sempre o que achamos melhor para nós é de fato o que nos fará bem. É grande a nossa ignorância sobre aquilo que é o melhor para nós. A maioria das pessoas desconhece até os alimentos que devem ingerir para ter boa saúde.

Muitas vezes, escolhemos um caminho ou tomamos uma decisão em um momento de emoção. Assim, podemos escolher o mal, pensando ter escolhido o bem. Pergunte aos adultos quantas escolhas erradas já fizeram na vida. Depois da má escolha, junto com as consequências, vem o arrependimento.

Além disso, dizer sim a uma coisa significa dizer não para outra, escolher isso significa renunciar àquilo. Daí a importância de igualmente analisar o "tamanho" da renúncia. A vida não é uma pergunta de uma única resposta, seja um sim, seja um não. Se há um sim, há também um não. Por exemplo, quando dizemos sim a uma noite inteira de passeio, de balada, estamos renunciando a uma noite de sono.

Bridgeman Images/Easypix Brasil/Basílica de Santo Apolinário Novo, Ravena, Itália.

Mosaico representando Judas devolvendo o dinheiro que recebera para trair Jesus, como conta o livro de Mateus 27,3-5. *O arrependimento de Judas*, do século VI, instalado na Basílica de Santo Apolinário Novo, em Ravena, Itália.

A vida nos traz situações em que renunciar é a melhor opção. Mas qualquer situação traz consequências. O segredo é termos clareza se estamos ou não preparados para essas consequências. Essa clareza vem com o autoconhecimento, com a experiência.

Os jovens são os mais inexperientes. Por isso, são tantas vezes vítimas de atos mal pensados, como a alta velocidade ao dirigir, a busca de prazeres perigosos, etc. A arte de viver se relaciona muito aos nossos atos e às consequências deles. Só escolhe bem quem pensa, pesquisa, informa-se com pessoas experientes, com leituras, documentos, entre outros.

Na política, é comum a eleição de candidatos que nunca seriam escolhidos se os eleitores estivessem bem informados. A ignorância é adubo para **demagogos** e corruptos.

**Demagogo:** pessoa que se comporta de maneira ambiciosa, visando manipular as outras pessoas por meio do discurso.

## Na noite terrível

[...]

Se em certa altura
Tivesse voltado para a esquerda em vez de para a direita;
Se em certo momento
Tivesse dito sim em vez de não, ou não em vez de sim;
Se em certa conversa
Tivesse tido as frases que só agora, no meio-sono, elaboro –
Se tudo isso tivesse sido assim,
Seria outro hoje, e talvez o universo inteiro
Seria insensivelmente levado a ser outro também.
[...]

PESSOA, Fernando. *Na noite terrível.*
Disponível em: <casafernandopessoa.cm-lisboa.pt/index.php?id=2242> Acesso em: 8 maio 2017.

Biry Sarkis/Arquivo da editora

# Atividades

## Vamos refletir?

1. Circule uma letra sim e uma não, a começar pela primeira, e descubra duas importantes constatações.

| | | | | | | | | | | | | | | |
|---|---|---|---|---|---|---|---|---|---|---|---|---|---|---|
| A | A | E | C | S | A | S | P | Ê | A | N | C | C | I | I |
| D | A | A | D | D | A | E | L | D | I | E | B | E | E | S |
| R | C | D | O | A | L | D | H | E | E | É | R | A | É | C |
| E | A | X | P | C | A | L | C | U | I | S | D | I | A | V |
| D | A | E | M | D | E | E | N | E | T | S | E | C | H | O |
| U | L | M | H | A | E | N | R | A | | | | | | |

a) Letras circuladas:

________________________________________

________________________________________

b) Letras não circuladas:

________________________________________

________________________________________

2. Poder escolher é muito bom! Escolher uma roupa, um filme, um livro, um jogo, um lanche. Ou ainda: uma diversão, um passeio, uma viagem, um amigo. E mais ainda: nossa profissão, nossas atitudes, nosso jeito de ser e de reagir. Fazemos escolhas todo dia e a cada instante.

- **Pare e pense!**

a) Que escolhas você já fez hoje?

________________________________________

________________________________________

b) Você acha sempre fácil escolher? Explique.

________________________________________

________________________________________

c) Fale de suas escolhas mais significativas e conte o que elas representam para você.

---

---

**3** **Assinale verdadeiro (V) ou falso (F), conforme a afirmativa apresentada abaixo.**

( ) Para fazer boas escolhas é preciso agir rapidamente.

( ) Toda escolha traz consequências boas ou más.

( ) Para não se tornar vítima de atos mal pensados, você precisa refletir antes de agir.

( ) A liberdade de escolher não tem relação com responsabilidade.

**4** **Assinale com F as escolhas que você considera fáceis e com D as que considera difíceis.**

( ) Programas de TV.

( ) Roupas para sair.

( ) Alimentos saudáveis.

( ) Estudar ou jogar.

( ) Horário para dormir.

( ) Futura profissão.

( ) Time de futebol.

( ) Falar a verdade.

( ) Reconhecer seus defeitos.

Juanmonino/Getty Images

É possível trocar uma roupa, mas há decisões na vida que não conseguimos desfazer. Foto de 2012, na Flórida, Estados Unidos.

**5** **Liberte sua imaginação e pense.**

a) Você pode completar esta frase de várias formas. Tente!

Liberdade é...

---

---

---

b) Você se considera uma pessoa livre? Explique.

---

---

Capítulo 3

# O destino

**Ele joga a pedra e depois diz: é o destino.**

RAMOS, Bruno Schwabenland. ***Memórias de uma vida***. Joinville: Clube dos Autores, 2007. p. 132. (Provérbio árabe.)

Tate Images

O fio dourado constrói o tecido da vida, manipulado pelas Moiras, três irmãs que determinam o destino dos humanos. *Um fio dourado*, 1885, detalhe da pintura do inglês John Melhuish Strudwick. (Óleo sobre tela, 724 cm × 425 cm.)

O conceito de destino é o de uma força misteriosa que controla e determina os rumos de nossa vida, de modo que os acontecimentos da vida são determinados por forças superiores, como Deus ou deuses. Por esse ponto de vista, não temos autonomia sobre nossos atos e, sem liberdade para definir nossa vida, também não somos responsáveis pelo que acontece conosco nem com a sociedade.

Neste capítulo, vamos discutir o sentido de destino e compreender um pouco a mitologia existente acerca do tema.

## O destino nas mãos das Moiras

O ser humano se preocupa com o seu futuro desde tempos remotos. Compreender o que em nossa vida é resultado de um futuro preestabelecido ou da liberdade faz muita diferença.

A crença de que existe um destino é muito antiga. Chegou até nós na forma de histórias, como a das Moiras gregas. Segundo a mitologia grega, as Moiras são três irmãs **fiandeiras** que decidem o destino humano. Uma delas, Cloto, faz o fio da vida de cada ser humano; a segunda, Láquesis, determina o comprimento do fio, ou seja, a duração da vida das pessoas; e a última, Átropos, corta o fio quando chega a hora da morte.

**Fiandeira:** mulher que faz fiação.

Portanto, o nascimento, as condições de vida e a morte dependeriam apenas das temíveis Moiras. Moira, em grego, significa destino. Os romanos chamavam as Moiras de Parcas.

A crença no destino também existe em muitas culturas e civilizações. Em Santa Catarina, entre os descendentes dos **açorianos**, conta-se que um menino, segundo a previsão de uma cigana, nasceu com o destino de morrer vitimado pelos chifres de um touro.

**Açoriano:** habitante ou descendente do arquipélago dos Açores.

Por isso, os pais nunca o deixaram sair sozinho. Mas um dia, ao visitar um parente, o menino subiu num caixote para arrancar um berrante da parede e caiu em cima da ponta do chifre. Morreu. Mais uma vez, os esforços humanos foram impotentes contra o destino.

*O Anjo do Destino*, 2014, na visão do artista inglês Michael French. (Pintura em acrílico, 50 cm × 46 cm.)

Michael French/Acervo do artista

### *As circunstâncias*

Até que ponto os acontecimentos da vida independem de nossa vontade e até que ponto estão sob nosso controle? Esta é uma discussão entre a liberdade e as circunstâncias.

No cotidiano, tomamos decisões com base em nosso conhecimento e visão de mundo. Portanto, a liberdade está limitada à nossa experiência e à nossa capacidade de conhecimento das coisas. Ou seja, por este ponto de vista, o ser humano não tem liberdade total.

Além disso, nascemos em circunstâncias diferentes: classe social, país rico ou pobre, sexo masculino ou feminino, doentes ou saudáveis, etc. Isso, porém, muitas vezes limita, mas não tira nossa capacidade de agir. Como disse o filósofo Sartre, o que importa é o que podemos fazer com o que fizeram de nós.

## Para ler e pensar

### O destino de Édipo

Segundo a mitologia grega, Édipo nasceu na cidade de Tebas e com o destino de assassinar o pai e casar-se com a mãe.

Sabedores disso, os pais mandaram matá-lo, enquanto era bebê. O encarregado da execução, porém, apiedou-se de Édipo e deixou-o pendurado pelos pés em uma árvore. Um pastor o encontrou, levou-o para outra cidade, Corinto, e entregou-o para seu senhor. Assim, Édipo cresceu longe da cidade de seus verdadeiros pais.

Bridgeman Images/Easypix Brasil/Museu de Arte Dahesh, Nova York, EUA.

A esfinge era uma figura mitológica, com asas, corpo de leão e cabeça humana. *Édipo e a esfinge*, 1808, do francês François Xavier Fabre. (Óleo sobre tela, 50,1 cm × 66 cm.)

Já moço, descobriu seu destino e tentou mudá-lo fugindo para Tebas, onde nascera. No caminho, discutiu com um homem e o matou, sem saber que era o rei de Tebas, seu verdadeiro pai.

À porta da cidade, teve de responder ao **enigma** de uma **esfinge**. Se errasse a resposta, seria morto, como muitos já o tinham sido. O enigma era: "Qual é o ser que de manhã tem quatro pés; ao meio-dia, dois; e ao entardecer, três?". Édipo acertou ao responder que era o ser humano: de manhã (na infância), engatinha; ao meio-dia (durante quase toda a vida) anda sobre dois pés; e, ao entardecer (na velhice), anda sobre os dois pés e apoiado na bengala.

Com isso, o monstro atirou-se no abismo e Édipo entrou como herói em Tebas. Mais tarde, casou-se com a rainha do lugar, que era sua própria mãe. Cumpriu-se, assim, o destino.

**Enigma:** questão obscura e ambígua, difícil de ser interpretada.

**Esfinge:** criatura monstruosa com corpo de leão, cabeça humana e asas. Houve muitas esfinges na antiga civilização grega e nas que sofreram influência dela.

# Atividades

## Pensando juntos

**1** Em duplas, leiam os quadrinhos e façam o que se pede.

WATTERSON, Bill. *Calvin e Haroldo*. 2. ed. São Paulo: Conrad, 2010. p. 10.

a) Comparem os quadrinhos com o que estudaram no capítulo e expliquem o que é destino.

______________________________________________

______________________________________________

b) Comentem a exclamação do Haroldo no último quadrinho.

______________________________________________

______________________________________________

**2** **Com um colega, assinale as afirmativas abaixo com as quais vocês concordam. Depois relatem oralmente à classe e debatam suas escolhas.**

( ) Acredito firmemente que não somos vítimas do destino.

( ) Existe em nós a capacidade de dar vida nova a tudo o que nos cerca.

( ) Toda pessoa é capaz de efetuar mudanças no mundo que a rodeia.

( ) É preciso parar de jogar a culpa nos outros e começar a agir.

- Perguntem a um adulto de sua família o que ele entende por destino e anotem a resposta no balão abaixo.

______________________________________________

______________________________________________

## Vamos refletir?

**3** **Leia a lição dos pássaros, reflita e depois responda à questão abaixo.**

Os pássaros gastam dias e dias para construir seu ninho. Trazem materiais, muitas vezes, de longe. E, quando está quase pronto, vem uma tempestade e destrói tudo.

O que faz o pássaro? Recomeça a construção cantando e saltitando. Então, terminado o ninho, surgem os primeiros ovos. Mas, aí vem um predador, ou uma nova tempestade e, mais uma vez, a destruição.

E o pássaro? Ainda assim, não desanima nem desiste. Ele retoma tudo, cantando e construindo, construindo e cantando...

- O que você pode extrair para sua vida após a lição dos pássaros? Escreva.

**4** **Após a leitura do capítulo, reflita e responda: Você acredita que nosso futuro já está preestabelecido ao nascermos ou nós próprios construímos nossa vida?**

**5** **Leia devagar e reflita sobre as palavras de Gandhi.**

Tenha sempre bons pensamentos
porque os pensamentos se transformam em palavras.

Tenha sempre boas palavras
porque as palavras se transformam em ações.

Tenha sempre boas ações
porque as ações se transformam em hábitos.

Tenha sempre bons hábitos
porque os hábitos se transformam em valores.

Tenha sempre bons valores
porque os valores se transformam no seu próprio destino.

Vando Figueirêdo/Acervo do artista

*Gandhi*, 2015, colagem do brasileiro Vando Figueirêdo.

GANDHI, Mahatma. In: SANTOS, Luiz Dario dos. *Relação de consumo sustentável: a geração de resíduos sólidos sob a ótica da proteção jurídica do consumidor*. São Paulo: Letras Jurídicas, 2015.

## Trocando ideias

**6 Com o professor e os colegas, leiam e comentem esta história.**

Biry Sarkis/Arquivo da editora

Um sábio disse, certa vez, a seu amigo:

— Se você tivesse um diamante do tamanho do seu polegar, você estaria entre os mais ricos do país. E se tivesse uma mina de diamantes poderia instalar seus filhos nos tronos do mundo.

— E onde posso encontrar diamantes? — perguntou o amigo.

— Encontre um rio que corre sobre areia branca — disse o sábio. — Lá você achará diamantes.

O amigo então vendeu sua propriedade, e foi-se pelo mundo afora, à procura de diamantes. Vasculhou todos os rios que corriam sobre areia branca. Mas nunca achou um diamante sequer.

Faminto, desesperado e com as roupas já em farrapos, jogou-se no mar e nunca mais reapareceu.

Enquanto isso, o homem que havia comprado a bela propriedade do infeliz cavou num dos riachos da fazenda e notou um curioso raio de luz: era uma pedra do tamanho de um polegar. Levou-a para casa e a colocou sobre a mesa, sem lhe dar muita importância.

Algum tempo depois, recebeu a visita daquele sábio que, ao ver a pedra, exclamou:

— Um diamante! Onde o encontrou?

— No riacho do quintal — informou o homem.

O sábio, então, correu ao quintal seguido pelo dono da propriedade e, juntos, acharam ali uma verdadeira mina de diamantes.

Texto elaborado com base em: CHALLITA, Mansour. *Os mais belos pensamentos de todos os tempos*. Rio de Janeiro: Acigi, [s.d.]. v. 2. p. 211.

- **Qual é, na sua opinião, a melhor conclusão para a história? Assinale ou escreva.**

( ) Ah, se o amigo tivesse procurado em seu próprio quintal!

( ) Comece de onde você está e a partir do que você é.

( ) As melhores riquezas, quase sempre, encontram-se perto.

( ) Quer realizar algo grandioso? Comece aqui e agora!

( ) Cada um pode progredir a partir do que é e de onde está.

( ) Outra conclusão: ______________________________

______________________________

## Ideias em ação

7 Reúna-se com seu grupo e, juntos, preparem um belo cartaz ilustrado, escolhendo uma das frases abaixo.

- Destino não é algo que se espera, mas se busca.
  William J. Bryan.
- São as nossas atitudes que escrevem o nosso destino.
  Zíbia Gasparetto.
- Todo homem é o arquiteto de seu próprio destino.
  Caio Sallustio.
- Cuidado com o teu caráter! É ele que controla o teu destino.
  Paulo Coelho.
- Queres ser dono do teu destino? Vence a preguiça e vai à luta!
  Thomas Aktinson.
- Um homem é pai de seus atos, assim como de seus filhos.
  Aristóteles.
- Fácil é sonhar. Difícil é lutar por um sonho para torná-lo realidade.
  Carlos Drummond de Andrade.
- Seu futuro não está predefinido: ele é fruto de suas escolhas.
  Anastácio de Paula.

## Saiba mais

**_A maçã_. Direção de Samira Makhmalbaf. Irã, 1999. 1 DVD.**

Aprisionadas em casa pelos próprios pais, durante 11 anos, irmãs gêmeas são libertadas após denúncia de vizinhos. A história conta a adaptação das irmãs aos novos desafios e alegrias surgidos com a liberdade e a vida social.

Samira Makhmalbaf/Photo12/Agência France-Presse

As irmãs, em cena do filme *A maçã*.

**_Os agentes do destino_. Direção de George Nolfi. Estados Unidos, 2011. 1 DVD.**

História do político David Norris, que começa a enfrentar agentes misteriosos que querem afastá-lo da bailarina por quem se apaixonou. O protagonista terá de lutar contra o destino para ficar com a jovem. O filme discute sobre destino, livre-arbítrio e liberdade.

Reprodução/George Nolfi/Universal Pictures do Brasil

Cartaz de *Os agentes do destino*.

# Judaísmo

O povo judeu e a religião judaica nasceram juntos e juntos continuam. Segundo a Bíblia, a formação do povo judeu começou com Abraão, que viveu quase dois mil anos antes de Jesus de Nazaré. Abraão foi escolhido por Deus para dar início a um povo especial. A história desse povo foi marcada pela constante intervenção de Deus, que vai se revelando ao longo do tempo. Nasce assim o judaísmo.

Os judeus foram o primeiro povo da história das religiões a crer em um Deus único, criando assim o monoteísmo como conhecemos hoje.

Várias dificuldades e tragédias marcaram a história dos judeus: quatro séculos de escravidão no Egito, quarenta anos no deserto em busca da terra que lhes fora prometida por Deus, várias invasões, dois grandes templos destruídos e **deportações** e **diásporas.**

No ano 70 d.C., os romanos invadiram a Palestina e mataram mais de 1 milhão de judeus. Outra grande tragédia do povo judeu aconteceu durante a Segunda Guerra Mundial (1939-1945): em torno de 6 milhões de judeus foram exterminados pelo **nazismo**. Esse momento histórico ficou conhecido como o Holocausto.

A partir do século XIX, judeus do mundo inteiro começaram a imigrar para a Palestina, terra de seus antepassados.

Em 1948, a Organização das Nações Unidas (ONU) proclamou o novo Estado de Israel em uma parte do território da Palestina.

Evikka/Shutterstock

A menorá (candelabro sagrado, de sete braços) é um dos dois principais símbolos do judaísmo.

**Deportação:** expulsão de um país. Os judeus viveram em exílio na Babilônia durante meio século.

**Diáspora:** dispersão. Os judeus tiveram de viver espalhados por vários países estrangeiros.

**Nazismo:** doutrina e partido político alemão liderado por Adolf Hitler. Esse ditador pretendia destruir o povo judeu, a quem culpava pelos problemas do país.

Joe Klamar/Agência France-Presse

Crematório onde os nazistas incineravam judeus no campo de concentração de Mauthausen, na Áustria. Foto de 2015.

Contudo, os habitantes palestinos, em sua maioria muçulmanos, não aceitaram a divisão de seu país. Isso gerou protestos, conflitos, guerras e muitas mortes que continuam até hoje.

AF studio/Shutterstock

Estrela de davi, importante símbolo judeu.

## O livro sagrado dos judeus

A Bíblia cristã é composta de duas partes: o Antigo e o Novo Testamento. Os judeus, desde muito antes do tempo de Jesus, só aceitam o Antigo Testamento. O cristianismo, porém, acredita em ambos, Novo e Antigo Testamentos.

A Torá (ou Pentateuco) é a parte da Bíblia mais importante para os judeus. Fazem parte da Torá os seguintes livros: Gênesis, Êxodo, Levítico, Números e Deuteronômio. A palavra Torá quer dizer lei ou caminho que deve ser seguido, portanto ele indica como as pessoas devem viver para fazer parte da aliança que Deus propõe ao povo judeu.

O Talmude é o livro que reúne muitas tradições orais e é dividido em quatro livros: Mishnah, Targumin, Midrashim e Comentários.

Os judeus não acreditam que Jesus de Nazaré seja o Messias previsto pelos profetas ao longo dos anos. Eles ainda esperam o Messias (o Salvador), prometido por Deus para trazer paz e prosperidade para seu povo.

A Bíblia judaica reúne todos os livros do Antigo Testamento em três grupos:

- A Lei, ou a Torá, ou o Pentateuco;
- Os Profetas;
- Os Escritos.

A palavra Torá também é usada para designar toda a Bíblia judaica.

Os judeus leem a Torá escrita em rolo de pergaminho, feito de pele de animais, e escrita em hebraico. O leitor desenrola-o de um lado e o enrola do outro à medida que vai lendo o texto.

Zev Radovan/Bridgeman Images/Easypix Brasil/Coleção particular

Pergaminho do século XV contendo os textos da Torá, livro sagrado do judaísmo.

## Atividades

**1** **Assinale verdadeiro (V) ou falso (F) para as afirmativas abaixo.**

( ) O judaísmo é a religião do antigo povo hebreu.

( ) Os hebreus também são chamados de judeus ou israelitas.

( ) Monoteísmo significa crer em vários deuses.

( ) O judaísmo é provavelmente a mais antiga religião monoteísta.

**2** **Pensando em símbolos religiosos, complete.**

a) Um ____________ religioso tem dois objetivos, a saber:

- Ajudar as ____________ a se aproximarem de ____________.
- Relembrar ____________ vividas pelos seguidores da ____________.

b) O judaísmo possui dois símbolos: a ____________ e a ____________.

c) Desenhe abaixo o formato desses dois símbolos.

**3** Releia o texto e anote aqui as grandes dificuldades e tragédias que marcaram a história dos judeus. Depois converse sobre isso com o professor e os colegas.

1º ______________________________

2º ______________________________

3º ______________________________

4º ______________________________

5º ______________________________

6º ______________________________

Culture Club/Getty Images

Os escravos hebreus eram tratados com dureza pelos subordinados do faraó egípcio. Gravura de 1900.

**4** **Em duplas, pesquisem, pensem e respondam.**

a) Qual é a única parte da Bíblia cristã que é aceita pelos judeus?

______________________________

b) A Bíblia judaica une os livros do Antigo Testamento em três grupos. Quais são?

______________________________

c) Para os judeus, como se chama a parte mais importante da Bíblia judaica?

______________________________

d) Quais os livros que fazem parte da Torá?

______________________________

e) Como se chama o livro que contém as tradições orais dos judeus?

______________________________

UNIDADE 2

# Os desafios da vida



Gabriela Andersen-Schiess, corredora suíça de longa distância, revelou o grande poder da superação de desafios durante uma maratona nas Olimpíadas de 1984, em Los Angeles.

Focus on Sport/Getty Images

baona/Getty Images

O verdadeiro equilíbrio está entre a força do impulso e a serenidade da inércia.

1. "Quanto mais se vive, mais se aprende." Você concorda com esse provérbio? Explique.

2. O meio em que você vive pode influenciar sua maneira de pensar e agir? Explique.

Capítulo 4

# Vivência e sabedoria

**Os anos ensinam muitas coisas que os dias desconhecem.**

EMERSON, Ralf W. In: COTRIM, I. Costa. ***Tesouro de pensamentos***. Rio de Janeiro: Edições de Ouro, 1968. p. 104.

Bridgeman Images/Easypix Brasil/Biblioteca Britânica, Londres, Reino Unido.

*O rei Salomão torna-se rei*, iluminura do século XV atribuída ao francês conhecido como Maître François [Mestre François], representando Salomão e seu filho e sucessor, Roboão, aos seus pés.

No dia a dia, vivenciamos situações sobre as quais, depois que passam, pensamos: "Se eu tivesse feito de outro jeito, teria sido melhor". Se uma situação parecida acontecer, então as atitudes serão mais acertadas. Isso é o que chamamos de experiência de vida.

Apesar de ser possível aprender em livros, a maior fonte de aprendizado é a vida.

Os idosos já passaram por muitas experiências, e por isso sabem como lidar melhor com diversas situações, evitando problemas e se protegendo de perigos.

Neste capítulo, veremos melhor como se dá essa relação entre vivência e experiência de vida, e como isso se relaciona com a arte de evitar os perigos do cotidiano.

Entre muitos povos, os idosos são considerados mestres. Algumas sociedades valorizam a função social do idoso de rememorar, de aconselhar e de ser elo entre o passado e o futuro.

Gilles Paire/Shutterstock

*Griots* contam a história dos ascendentes do novo chefe de uma aldeia (que está com um cajado) em Burquina Faso, rodeados por integrantes da comunidade.

Em vários países da África, existem certos homens e mulheres chamados "guardiões da cultura oral africana". Eles são responsáveis por transmitir as tradições do seu povo: contar as histórias passadas, ensinar conhecimentos e trazer notícias de outros povos. Eles são os *griots*.

No Japão, cerca de três quartos dos pais idosos vivem com seus filhos adultos, uma prática também comum na Coreia e na China. Os japoneses têm uma das maiores taxas de cidadãos com mais de 100 anos de idade, ultrapassando 65 mil pessoas, cerca de 6,7% da população do país. Há uma lei na China exigindo que filhos visitem seus pais com frequência, ainda que morem longe. A desobediência à lei ocasiona multas ou sanções.

São os idosos os responsáveis pelas conquistas e pelos avanços que promoveram uma sociedade mais segura para a nossa geração. Por isso podemos aprender muito pedindo-lhes que compartilhem suas experiências ou que nos aconselhem quando temos alguma dúvida. Afinal, os idosos aprenderam, com acertos e erros, a evitar as armadilhas e os perigos da vida.

## A virtude

Leisa Tyler/LightRocket/Getty Images

Para os gregos, a virtude é realizar aquilo que a cada um se destina. Escultura da deusa grega da virtude, Aretê, em Éfeso, atual costa da Turquia. Foto de 2014.

Você saberia dizer o que é virtude? Essa palavra vem de *virtus* que, em latim, significa "força". Mas não se trata de força física; é uma força moral, uma disposição duradoura e firme de fazer o bem para si e para os outros.

Onde está a virtude?

Depende. Em relação aos alimentos, por exemplo, a virtude é o meio-termo entre a gula e a desnutrição. O mesmo acontece com os perigos. A virtude está na moderação entre

**Temeridade:** coragem irresponsável; excesso de ousadia; falta de prudência.

a covardia e a **temeridade**. Assim, podemos compreender a virtude como aquilo que traz equilíbrio à vida.

Mas, em relação à verdade, à honestidade e à justiça, a virtude está no extremo, é a perfeição máxima. Quem vive ora mentindo, ora dizendo a verdade não é virtuoso e se torna uma pessoa não confiável. Podemos dizer que virtuoso é quem tem por hábito, por disposição moral, falar e viver sempre a verdade.

Album/Fine Art Images/Fotoarena/Coleção particular

A prudência costuma ser representada por uma mulher que segura uma serpente e um espelho, indicando que a pessoa cautelosa é atenta como a serpente e analisa suas intenções no espelho da razão antes de agir. *Alegoria da prudência*, século XVI, do pintor italiano Girolamo Macchietti. (Óleo sobre tela.)

### *A prudência*

A prudência é uma virtude e quer dizer a arte de evitar os perigos, de saber enfrentá-los e de conviver com eles da melhor maneira possível.

A palavra prudência vem do verbo latino *providere*, que significa tanto "prover" (providenciar) como "prever". Ou seja, ser prudente é agir com cuidado, mas também permanecer calmo diante das adversidades da vida.

Por imprudência, muitos sofrem acidentes e outros falecem prematuramente, pois agem sem cuidado ou, em um momento de descontrole, tomam atitudes que podem ter sérias consequências. Um exemplo é alguém que briga e sai com o carro em alta velocidade.

Desde criança, aprendemos a evitar os perigos, como o fogo; objetos cortantes; a eletricidade. Depois somos alertados sobre outros perigos: afogamento; acidentes de trânsito; assaltos.

Mais tarde, surge o perigo das drogas, que vêm causando a infelicidade de tantos adultos, jovens e até crianças. Quando começamos a dirigir, nossos pais nos aconselham cuidados. Há ainda o perigo das doenças venéreas, da gravidez prematura, de contrair a aids, etc.

Em Mateus 10:16, Cristo nos recomenda sermos astutos (prudentes) como a serpente: "Eis que vos envio como ovelhas ao meio de lobos; portanto sede prudentes como as serpentes e simples como as pombas". A serpente, quando se sente ameaçada, logo se esconde para fugir do mal que pode acabar com sua vida. Portanto, quem não é prudente como a serpente acaba como vítima dos perigos da vida.

### *Pensando no futuro*

Ao contrário da imprudência, a prudência tem em vista a dimensão do futuro.

Os pais prudentes atendem às necessidades presentes dos filhos e também preveem as futuras, dando-lhes, por exemplo, as vacinas recomendadas para evitar doenças e colocando-os na escola para que tenham a base de conhecimento necessária para se desenvolverem. Santo Agostinho diz que "a prudência é um amor que escolhe com **sagacidade**".

Viver a prudência significa agir com olhos no amanhã, e não pensar exclusivamente de maneira **imediatista**. Para viver bem, é importante pensar no hoje e também no amanhã.

Um exemplo é a alimentação pela qual optamos. Se optarmos por uma alimentação moderada hoje, evitando excessos de gorduras e açúcares, por exemplo, é provável que tenhamos uma vida mais saudável até a terceira idade.

**Sagacidade:** capacidade de entender facilmente o que está implícito.

**Imediatista:** que não considera as consequências futuras das ações realizadas no presente; que considera apenas as vantagens imediatas.

Ryan DeBerardinis/Shutterstock

Nossas ações do presente terão seus reflexos no futuro, mas certamente relacionam-se com o que aprendemos e vivemos no passado.

# Para ler e pensar

## Sustentabilidade

A sustentabilidade está intimamente relacionada à prudência. Devemos nos preocupar em deixar às gerações futuras um planeta saudável.

Quando falamos de sustentabilidade, devemos levar em conta que não é exclusivamente a preservação ambiental que está em jogo. O cuidado com o meio ambiente é um dos fatores da sustentabilidade, ao lado do crescimento econômico e da justiça social.

Vivemos em uma época consumista. A televisão, o rádio, as revistas, as redes sociais, os cartazes nas ruas e os *shoppings* são elementos de estímulo para consumir aquilo que está "na moda". Hoje, consumir é ser, existir. Quem não compra é visto como fora da realidade. E cada moda dura bem pouco. Logo, logo, aparece um modelo novo: de carro, sapato, roupa, celular, e assim por diante.

O resultado disso é ar poluído, barulho, rios e mares entulhados de resíduos de consumo, lixos de milhões de plásticos e sucatas de carros, celulares e eletrodomésticos desatualizados, pois se pensa apenas em adquirir e se esquece de dar um fim adequado ao lixo que é produzido.

Se isso continuar, logo a Terra vai ficar inabitável. Assim, as autoridades estão começando a se preocupar. Mas esta não é uma responsabilidade só dos governantes, cada um de nós precisa fazer a sua parte. Não há quem não possa dar uma contribuição ao presente e ao futuro do planeta, o único que temos.

Se as pessoas não despertarem para o desastre, as futuras gerações sofrerão as consequências, assim como estamos sofrendo as das gerações passadas. O grito urgente é a sustentabilidade, ou seja, o consumo consciente e responsável, causando o menor impacto possível ao meio ambiente. Evitar lixos desnecessários e promover a reciclagem. Assim, as futuras gerações nos agradecerão. Nosso belo planeta também.

BECK, Alexandre. *Armandinho*.
Disponível em: <http://tirasarmandinho.tumblr.com/>.
Acesso em: 26 maio 2017.

# Atividades

## Vamos refletir?

**1** **Leia as frases. Escolha uma, reflita e escreva um comentário.**

a) Quanto mais aumenta o nosso saber, mais evidente fica a nossa ignorância.

John Kennedy.

b) A falta de cuidado é mais nociva do que a falta do saber.

Ditado popular.

c) Não basta adquirir sabedoria; é preciso também usá-la.

Cícero.

- Comentário: ______________________________

______________________________

______________________________

______________________________

**2** **Observe as afirmativas abaixo e faça o que se pede.**

a) Assinale **V** para as verdadeiras e **F** para as falsas.

( ) A prudência é a arte de evitar perigos ou de saber enfrentá-los.

( ) A prudência é tão necessária quanto a imprudência.

( ) A prudência é o olho que guia o corpo nas nossas ações.

( ) A prudência não evita todos os perigos, mas sua falta acaba por atraí-los.

( ) A prudência não é importante para a comunicação entre as pessoas.

b) Escolha uma das frases acima e comente-a.

______________________________

______________________________

______________________________

**3** **Leia atentamente cada frase a seguir e redija um comentário sobre cada uma delas. Depois partilhe oralmente suas respostas com os colegas.**

a) Nunca ultrapasse o sinal vermelho no trânsito.

______________________________

______________________________

______________________________

b) Nunca ande no carro sem o cinto de segurança.

c) Nunca brinque com armas de fogo.

d) Nunca atravesse ponte que está para cair.

e) Nunca ande com companhias perigosas.

## Pensando juntos

**4 Em duplas, comentem e assinalem duas alternativas em cada questão.**

a) Os idosos que têm a experiência da vida...

( ) devem ser respeitados e ouvidos.

( ) não se importam com os mais jovens.

( ) não sabem dar conselhos.

( ) aprenderam com acertos e erros.

b) Ser prudente significa...

( ) ter medo e fugir.

( ) enfrentar os perigos com cuidado.

( ) encarar o perigo com ousadia.

( ) agir com cautela.

c) Quem não é prudente é considerado...

( ) temerário.

( ) covarde.

( ) imprudente.

( ) tímido.

d) Viver com temeridade, ou ser temerário, significa...

( ) ser excessivamente medroso.

( ) arriscar-se de forma irresponsável.

( ) expor-se ao perigo sem necessidade.

( ) ser cauteloso sempre.

e) Sustentabilidade significa...

( ) preservação do planeta.

( ) consumir de forma responsável.

( ) manter-se atualizado.

( ) sustentar a voracidade do comércio.

André Valle/Arquivo da editora

**5** **Leia atentamente a tira da Mafalda e responda à questão abaixo.**

- Quem está doente na casa da Mafalda? Por quê?

___

___

___

Joaquín Salvador Lavado (Quino) TODA MAFALDA/ Fotoarena

QUINO, Joaquín S. L. *Mafalda*.
Disponível em: <http://epoca.globo.com/vida/noticia/2015/01/o-mundo-visto-bpor-mafaldab.html>.
Acesso em: 8 maio 2017.

Capítulo 5

# Temperando a vida

A temperança é o tempero que me permite saborear o prazer.

COMTE-SPONVILLE, André. ***Pequeno tratado das grandes virtudes***. São Paulo: Martins Fontes, 2012. p. 48.

A figura feminina que tenta encontrar a medida exata para a mistura de dois líquidos representa a moderação dos desejos. *Temperança*, gravura do século XVII criada pelos holandeses Jacob Matham e Hendrick Goltzius.

Qual a medida "certa" para viver com equilíbrio? Se compararmos a vida a um prato de comida, podemos dizer que, caso a comida não tenha tempero suficiente, não haverá prazer na refeição. Se tiver tempero demais, provavelmente será impossível alimentar-se.

Os extremos são sempre prejudiciais. O segredo está em uma virtude chamada temperança, que tem como características o domínio de si e a moderação dos desejos.

Neste capítulo, vamos conhecer alguns mecanismos para dominar nossas vontades e não sermos dominados por elas. Além disso, também vamos compreender como "temperar" a vida, de modo a alcançar equilíbrio e moderação.

As bicicletas, os automóveis, os aviões, todas as máquinas que se locomovem em velocidade são equipadas com um sistema de freio. O objetivo do freio é garantir segurança.

Assim como nas máquinas, a busca dos prazeres também precisa de uma espécie de freio na vida. Quem se lança a prazeres **avidamente** e sem controle assemelha-se àquele que viaja em um carro a 150 km por hora: o risco de acidentes é grande.

Os prazeres fazem parte da natureza humana. A **fruição** do paladar, do tato, da visão, da audição e da sexualidade é natural, boa e legítima. Mas não vivemos só para prazer. Somos seres humanos e temos a racionalidade para nos ajudar a frear as vontades instintivas.

**Ávido:** voraz, ganancioso, insaciável.

**Fruição:** ato, processo ou efeito de desfrutar de forma prazerosa.

## Domínio sobre si mesmo

O livro *As sete lâmpadas da santificação* traz quatro ensinamentos do papa João Paulo II (atuou como papa de 1978 a 2005) sobre quatro virtudes: a prudência, a temperança, a fortaleza e a justiça. Sobre a temperança, João Paulo nos deixou as seguintes palavras.

> O ser humano temperante é aquele que é senhor de si mesmo. Aquele em que as paixões não tomam a supremacia sobre a razão, sobre a vontade e também sobre o coração. O ser humano que sabe dominar-se a si mesmo! Se assim é, facilmente nos damos conta do valor fundamental e radical que tem a virtude da temperança. É absolutamente indispensável para que o ser humano seja plenamente humano. Basta reparar em alguém que, arrastado pelas suas paixões, delas se torna vítima, renunciando ele próprio ao uso da razão (por exemplo, um alcoolizado, um drogado). Verificamos então com evidência que ser humano significa respeitar a própria dignidade e, por isso, em particular deixar-se guiar pela virtude da temperança.

Texto elaborado com base em: João Paulo II. In: ASSUNÇÃO, Rudy A. *As sete lâmpadas da santificação*: catequeses sobre as virtudes teologais e cardeais. Campinas: Ecclesiae, 2015. p. 60-61.

Maks08/Shutterstock

O grafismo do *yin-yang* simboliza o princípio gerador de todas as coisas do Universo a partir da união de duas energias opostas, unidas e em perfeito equilíbrio. *Yin* é a metade preta; *yang* é a metade branca.

## A educação da vontade

O desfrute dos prazeres na vida humana precisa ser administrado com cuidado, para que possamos seguir a vida rumo à realização pessoal e comunitária. Para dosar adequadamente a apreciação dos prazeres é necessário fortalecer e educar a nossa própria vontade.

iStockphoto/Getty Images

Alimentar-se de forma moderada é um dos desafios do mundo atual diante das tentações do mercado.

Pelo fato de os humanos serem dotados de liberdade, precisam aprender a viver em equilíbrio. Nesta unidade, já discutimos sobre a virtude da prudência. A temperança é a virtude da prudência aplicada aos prazeres que temos na vida. As virtudes relacionam-se com:

- bons hábitos;
- força moral;
- disposição adquirida e duradoura de sempre fazer o bem, de escolher o melhor possível para nós e para os outros.

As virtudes são tão atuais e necessárias hoje como eram há 5 mil anos. Não sabemos como a humanidade estará organizada cultural, científica e tecnologicamente daqui a alguns milênios. Mas acreditamos que, se as pessoas não praticarem essas virtudes essenciais, dificilmente serão sábias e felizes.

## Para ler e pensar

### O monstro

Em minhas peregrinações, vi uma vez, numa ilha, um monstro com cabeça de homem e cascos de ferro, que estava comendo a terra e bebendo o mar sem parar. Fiquei observando-o durante algum tempo. Depois, aproximei-me e disse-lhe: Nunca terás bastante? Tua fome nunca se satisfaz e tua sede nunca se aplaca?

E ele respondeu: Sim, já estou satisfeito; na verdade, estou fatigado de tanto comer e beber. Mas tenho medo de que amanhã não haja mais terra para comer nem mar para beber.

GIBRÁN, Khalil. *O precursor*. Rio de Janeiro: Acigi, 1980. p. 43.

Biry Sarkis/Arquivo da editora

# Atividades

## Vamos refletir?

**1** Leia abaixo a mensagem do escritor espanhol Jaime Borràs, reescreva-a mantendo o sentido e depois explique-a com suas palavras.

- Viver com plenitude é viver de forma equilibrada, usando de tudo sem abusar de nada.

______________________________________________

______________________________________________

______________________________________________

______________________________________________

**2** Complete as frases, substituindo os números por letras, conforme a orientação no quadro abaixo.

| | | | | | |
|---|---|---|---|---|---|
| 1 | = | a | 6 | = | m |
| 2 | = | d | 7 | = | n |
| 3 | = | e | 8 | = | o |
| 4 | = | i | 9 | = | r |
| 5 | = | l | 10 | = | s |

a) Para usufruir de forma saudável das alegrias da vida, é preciso saber:

2 8 10 1 5 1 10

______________________________________________

b) Para satisfazer desejos e necessidades sem ultrapassar os limites da convivência, é preciso saber:

2 8 6 4 7 1 9 10 3

______________________________________________

**3** Leia, pense e assinale verdadeiro (V) ou falso (F) nas opções abaixo.

- Dominar-se é...

( ) assumir o comando sobre os próprios impulsos e desejos.

( ) agir de forma equilibrada e consciente.

( ) orientar-se pelos instintos.

( ) tomar decisões rapidamente.

( ) pensar com cuidado antes de agir.

4 Pesquise em livros e na internet sobre os temas abaixo. Redija um resumo dos resultados encontrados e então compartilhe oralmente com os colegas.

a) Liberdade e autocontrole.

b) Prazeres e temperança.

## Pensando juntos

5 Em duplas, leiam as frases e depois acrescentem um argumento concordando ou discordando de cada afirmativa.

a) O autocontrole pode ser considerado um limitante da liberdade individual.

Nosso argumento:

b) Quando se trata de saúde e qualidade de vida, nada se ganha de presente; cada um as obtém à custa de esforço próprio.

Nosso argumento:

Capítulo 6

# A semente e o solo

**Outra parte [das sementes] caiu em terra boa; brotou e deu frutos, até cem por um.**

Lucas 8,8. ***Bíblia sagrada***. 8. ed. Tradução da CNBB. Brasília: Edições CNBB; São Paulo: Editora Canção Nova, [s.d.]. p. 1281.

Vamos começar este capítulo com a parábola do semeador. Ela trata de nossas disposições em aceitar ou não os ensinamentos de Cristo.

Parábolas, que Jesus costumava contar, são histórias curtas para ensinar o povo. Elas não devem ser entendidas literalmente, precisam ser interpretadas.

Neste capítulo, vamos estudar como podemos ser o bom solo que dá frutos, ao acolhermos as sementes de Jesus, que são seus ensinamentos.

Bridgeman Images/Easypix Brasil/Museu Bowes, Durham, Reino Unido.

Muitos estudiosos da Bíblia afirmam que a parábola do semeador representa a palavra de Deus que, ao ser "plantada", terá resultados conforme o coração daquele que a ouve. *A parábola do semeador*, século XVI, óleo sobre painel do belga Abel Grimer.

## Parábola do semeador

Um semeador saiu a espalhar sementes. Uma porção delas caiu à beira do caminho e os passarinhos comeram. Outra parte foi lançada em terra pedregosa. Chegou a brotar, mas secou por falta de umidade.

Algumas caíram no meio de espinhos. Germinaram, mas os espinhos as sufocaram.

Finalmente, outras foram lançadas em terra boa, brotaram e produziram muitos frutos.

Lucas 8, 4-8

Biry Sarkis/Arquivo da editora

Nessa parábola, o semeador é o próprio Jesus ou seus representantes. As sementes são as verdades que Cristo nos veio ensinar. Os tipos de terreno onde as sementes caíram são os tipos de pessoas que ouvem ou leem as palavras de Deus.

Os espinhos e o terreno pedregoso, por exemplo, representam aqueles que sempre encontram motivos mais interessantes ou vantajosos para não seguir os mandamentos de Deus.

Mas essa parábola também comporta interpretações semelhantes. As espécies de terreno, por exemplo, podem significar o meio ambiente em que vivemos. E a semente pode ser a nossa própria vida. É isso que vamos semear neste capítulo.

Realmente, existe um vínculo entre uma pessoa e o meio em que ela nasce e vive. Em um meio favorável, suas possibilidades de desenvolvimento integral são mais amplas.

Crianças com família de bom nível econômico e bem nutridas em geral crescem saudáveis. Em crianças nascidas em ambientes muito carentes, é comum existirem distúrbios nutricionais e poucas oportunidades de desenvolvimento sociocultural.

## O adolescente e o meio

Observe a conversa de Mafalda com seu irmão Guile a seguir.

©Joaquín Salvador Lavado (QUINO) TODA MAFALDA/ Fotoarena

QUINO, Joaquín S. L. *Mafalda*. Argentina: Ediciones de la Flor.

O irmãozinho da Mafalda (o Guile) já sabe que sofre influências do ambiente, embora ainda não distinga os fenômenos naturais dos fatos políticos.

Mais tarde, ele certamente saberá analisar as influências que condicionam sua vida: a família, os filmes a que assiste, os livros que lê, etc.

E você? Será que sabe o quanto é influenciado pelo meio onde vive?

Reflita: Sua família valoriza mais o **ter** ou o **ser**? E a escola em que estuda? Que influências ela exerce sobre você?

E seus amigos? Como eles são? Lembre-se deste provérbio: "Dize-me com quem andas e eu te direi quem és".

E existe ainda a influência que os sistemas político e econômico exercem sobre todo cidadão.

Os filmes, os programas de rádio e televisão, os jornais e as revistas não são imparciais. Os meios de comunicação de massa geralmente estão a serviço de interesses particulares. A calça, a jaqueta, o tênis, a bebida que são anunciados em vistosas propagandas visam principalmente à venda e, portanto, ao lucro, e não ao bem-estar do consumidor, ou seja, o contrário do que pode parecer à primeira vista. É preciso estar atento ao que se ouve e vê. O texto a seguir retrata os condicionamentos de nossa sociedade.

## Condicionamentos

Mastigamos o que não queremos mastigar,
Engolimos o que não queremos engolir,
Digerimos o que não queremos digerir.
Ouvimos sem poder interpelar,
Olhamos para uma direção já prefixada.
Falamos com palavras marcadas, censuradas.
Caminhamos nas pegadas, sem desvio...
Se desviamos, somos reprovados.
Se falamos, temos que dizer o que querem,
Se não dizemos o que querem, somos condenados!
Mas se calamos estamos errados por nada dizer!

MENDES, Helvécio. *Canto à vida*. 3. ed. São Paulo: Paulinas, 1983. p. 8.

Biry Sarkis/ Arquivo da editora

Rafael Balbueno/Acervo do cartunista

BALBUENO, Rafael. Disponível em: <www.revistaovies.com/artigos/2014/03/democratizar-a-midia-nao-basta-fugir-o-rei-e-preciso-mudar-o-regime/>. Acesso em: 5 jun. 2017.

> [...] examinai tudo e guardai o que for bom.
>
> 1 Tessalonicenses 5,21. *Bíblia sagrada*. 8. ed. Tradução da CNBB. Brasília: Edições CNBB; São Paulo: Canção Nova, [s.d.]. p. 1456.

Macrovector/Shutterstock

É necessário desenvolver o senso crítico. Reflita antes de agir. Conheça as influências do meio.

Ao conhecer o ambiente no qual circula frequentemente, você terá mais facilidade para evitar o que lhe é prejudicial e para escolher aquilo que lhe favorece a realização pessoal. É o que recomenda o apóstolo Paulo aos jovens **tessalonicenses**, como consta na citação acima.

**Tessalonicense:** natural da cidade de Tessalônica (Grécia antiga).

Luis Fernando Verissimo/Acervo do cartunista

Luis Fernando Verissimo

## Para ler e pensar

### Os vícios

Os vícios pertencem aos piores venenos de nosso meio ambiente. Existem centenas deles. Vão dos quase inócuos até os mais escravizantes. Alguns viciam já nas primeiras experiências.

O vício é o hábito mau. É o oposto da virtude. Esta nos ajuda a aperfeiçoar a natureza humana; aquele faz exatamente o contrário: impede que cresçamos como pessoas e como cidadãos.

### Tipos de vício

Existem muitas espécies de vício. Soberba, avareza, **luxúria**, gula, ira, inveja e preguiça são chamadas de vícios capitais, porque dão origem aos demais.

**Luxúria:** hábito de abusar dos prazeres do corpo, principalmente do sexo.

Atualmente, observamos uma epidemia de viciados em celular: pessoas de idades diversas que não conseguem ficar um instante sem olhar a telinha. Nem o lugar nem a hora importam. Alguns consultam o celular caminhando, almoçando, andando de bicicleta e até dirigindo automóvel, pondo sua vida e a dos outros em perigo.

O prazer criado por essa comunicação "aos pedaços" já merece estudos de especialistas. Uma pesquisa de 2015, promovida pela Flurry (empresa estadunidense que analisa o mercado de tecnologias móveis), revelou que 280 milhões de pessoas no mundo são viciadas em aplicativos para celular.

Entre os brasileiros, a situação não é diferente. Um estudo da Universidade Federal de São Paulo (Unifesp), realizado em 2014, mostrou que 68% dos estudantes entre 13 anos e 17 anos eram dependentes moderados de tecnologia, e 20% eram considerados dependentes graves.

Se você faz parte dessa epidemia, lembre-se da virtude da temperança que estudamos no capítulo anterior.

JGI/Jamie Grill/Blend Images/Getty Images

Juntos, mas separados. A tecnologia muitas vezes aproxima os distantes e afasta os próximos.

# Atividades

## Vamos refletir?

**1** **Leia a frase do boxe e assinale as alternativas que a completam corretamente.**

**Você sabe que está crescendo não só quando as roupas deixam de servir, mas também quando...**

( ) reconhece as influências do meio.

( ) se deixa dominar pelas propagandas.

( ) lê revistas e jornais com senso crítico.

( ) assume a direção da própria vida.

( ) adere à moda de forma indiscriminada.

( ) não deixa os outros pensarem por você.

( ) reflete antes de agir.

Biry Sarkis/Arquivo da editora

**2** **Leia a frase, reflita e assinale a(s) opção(ões) verdadeira(s) com a(s) qual(is) se relaciona(m).**

- Há uma relação de dependência entre a pessoa e o meio em que ela vive.

  ( ) Dize-me com quem andas e eu te direi quem és.

  ( ) Para não cair nos grandes erros, comece por evitar os pequenos.

  ( ) Quem pensa no futuro não esquece os deveres do presente.

  ( ) É pelos frutos que se conhece a árvore.

  ( ) Palavras convencem; exemplos arrastam.

## Trocando ideias

**3** **Converse com o professor e os colegas e depois responda.**

a) Como a propaganda "faz a cabeça" das pessoas?

______________________________

______________________________

b) O que representa a moda para você?

c) Como reagir à isca das propagandas e às exigências da moda?

4 O que você diria a estes três jovens? Responda abaixo.

Biry Sarkis/Arquivo da editora

5 Procure exemplos ilustrativos dos temas a seguir pesquisando em jornais, revistas ou na internet. Depois, analise o material coletado e redija suas conclusões.

a) A influência do meio na conduta das pessoas.

b) O perigo das propagandas.

Thanasis Zovoilis/Getty Images

Quando pequenas, as crianças são bastante suscetíveis às propagandas, sendo importante o papel dos pais ou responsáveis na limitação dessas influências.

c) A inversão de valores.

d) A influência das más companhias.

e) Os perigos da falta de reflexão.

f) As consequências da ingenuidade.

## Ideias em ação

**6** **Leiam as questões e façam o que se pede.**

a) Escrevam suas frases em forma de pequenos cartazes, como estes abaixo:

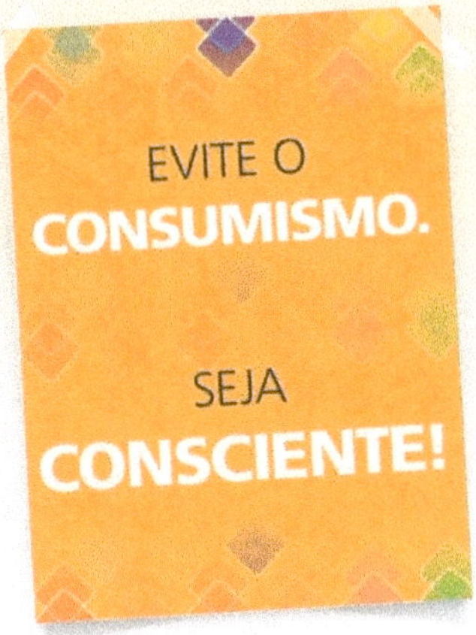

Banco de Imagens/Arquivo da editora

b) Em seguida, apresentem suas frases para a turma e, juntos, organizem um mural.

## Saiba mais

***Classificados poéticos*. Livro de Roseana Murray, Cia. Editora Nacional, 2004.**

A obra foi criada com base em classificados de jornal. O leitor poderá se identificar com os poemas, que propõem mudanças em nosso estilo de vida.

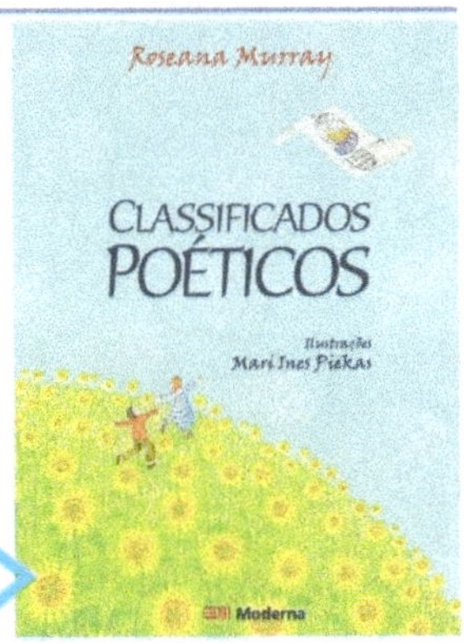


Reprodução/Roseana Murray/Mari Inês Piekas/Editora Moderna

Capa de *Classificados poéticos*.

Ricardo Matsukawa/Acervo do fotógrafo

A monja zen-budista Coen em 2016.

***Mudança interna e a nova geração:* palestra *on-line* da monja budista Coen.**

Ao mesclar os ensinamentos budistas e sua grande experiência de vida, a monja Coen apresenta os diversos desafios que afligem as novas gerações e discute sobre como é possível modificar as realidades ruins. Disponível em: <www.youtube.com/watch?v=bNNITen6VO4>. Acesso em: 1º fev. 2017.

## Islamismo (I)

O islamismo é uma religião fundada por Maomé na península Arábica, no início do século VII d.C. É uma religião monoteísta, ou seja, só crê em um único Deus, como o judaísmo e o cristianismo. O Deus do islamismo é chamado de Alá.

Stakes/Shutterstock

Lua crescente e estrela, em verde escuro: símbolo do islamismo.

Lukasz Stefanski/Shutterstock

A palavra Alá escrita em árabe.

O islã e o cristianismo são as duas maiores religiões do mundo. No Brasil, país majoritariamente cristão, há mais de 1 milhão de islamitas, também chamados de muçulmanos. A maioria dos muçulmanos vive no Oriente Médio, na África e na Ásia.

O templo do islamismo chama-se mesquita.

De Agostini/Getty Images

Construída no século XIX em memória do filho primogênito de Muhammad Ali, falecido precocemente, a mesquita de Alabastro é ponto turístico importante no Cairo, Egito. Foto de 2014.

## Maomé, o fundador

Maomé nasceu em 570 d.C. na cidade de Meca (na atual Arábia Saudita).

Meca era um centro comercial e ponto de parada para as caravanas de mercadores vindas de várias regiões da península Arábica. Era também um dos centros religiosos da região.

Maomé costumava ir a uma caverna do Monte Hira, nos arredores de Meca, para meditar e orar. E foi nessa caverna, aos 40 anos de idade, que ele teve uma arrebatadora revelação. Segundo o islã, o anjo Gabriel lhe confiara a missão de divulgar a última revelação de Alá (Deus) aos homens. A revelação continuou ao longo de mais de 20 anos. Como não sabia escrever, Maomé transmitia as mensagens reveladas oralmente a pessoas de sua confiança. Assim, alguns anos após sua morte, em 632, o livro sagrado do islamismo, o Alcorão, estava pronto.

## Os cinco pilares do islamismo

A prática do islamismo fundamenta-se em cinco pilares ou preceitos principais. Veja-os abaixo.

**1º** Só existe um Deus e Maomé é seu profeta. É, pois, uma afirmação de fé.

**2º** Rezar a Deus cinco vezes ao dia, entre a aurora e o anoitecer.

**3º** Doação de esmolas ou ajuda aos necessitados.

**4º** Jejum durante o mês do Ramadã (do calendário islâmico).

**5º** Peregrinação a Meca pelo menos uma vez na vida para quem pode.

Bildarchiv Steffens/Bridgeman Images/Easypix/Museu Palácio de Topkapi, Istambul, Turquia.

De acordo com o Islã, o arcanjo Gabriel foi o responsável por revelar o Alcorão ao profeta Maomé. *Anunciação a Maomé*, século XVI, guache sobre papel abrigada no palácio de Topkapi, na Turquia.

## Atividades

**1** **Reúna-se com um colega e assinalem a alternativa correta que completa as frases referentes ao islamismo.**

a) O islamismo também pode ser chamado de...

( ) maometismo.

( ) mormonismo.

( ) criticismo.

Ravijohnsmith/Dreamstime.com/Glow Images

Casal com vestes típicas casam-se em cerimônia islâmica em 2012, na Malásia.

b) Os templos islâmicos recebem o nome de...

( ) igrejas pentecostais.

( ) mesquitas.

( ) sinagogas.

c) Trata-se de uma religião..., pois crê em um único Deus, que se chama...

( ) politeísta/Chrishna.

( ) monoteísta/Hermes.

( ) monoteísta/Alá.

**2** **Ainda em dupla, respondam às questões abaixo.**

a) O que aconteceu a Maomé, na caverna do Monte Hira?

b) Como se chamam os seguidores da religião fundada por Maomé?

c) Quais são as duas maiores religiões do mundo?

**3** A prática do islamismo fundamenta-se em cinco pilares (colunas). Pense nesses pilares, enquanto completa as frases abaixo.

a) Pilar 1: Existe um só Deus e ________________ é seu profeta.

b) Pilar 2: Rezar ________________ vezes ao dia, voltado para Meca.

c) Pilar 3: Dar ________________ ou ajudar os necessitados.

d) Pilar 4: Jejuar durante o mês do ________________.

e) Pilar 5: Peregrinar a Meca, uma vez na ________________.

**4** Relembre a imagem do símbolo do islamismo com a figura ao lado.

Faça uma pesquisa sobre o significado desse símbolo e redija suas conclusões. Você pode conversar com muçulmanos e/ou buscar informações em livros, revistas ou na internet. Mãos à obra!

Stakes/Shutterstock

________________________________________________________________

________________________________________________________________

________________________________________________________________

________________________________________________________________

________________________________________________________________

________________________________________________________________

________________________________________________________________

________________________________________________________________

________________________________________________________________

________________________________________________________________

________________________________________________________________

________________________________________________________________

________________________________________________________________

________________________________________________________________

________________________________________________________________

________________________________________________________________

________________________________________________________________

UNIDADE 3

# Paz, fruto da árvore boa



Unidos pela preservação da natureza.

Sunny studio/Shutterstock

Robert Paul van Beets/Alamy Stock Photo/Fotoarena

O Palácio da Paz, em Haia (Holanda), foi construído em 1913 para sediar o Tribunal Permanente de Arbitragem, que tem como objetivo buscar soluções para os conflitos mundiais e promover a paz entre as nações. Foto de 2015.

1. Cite quatro sentimentos ou condutas que podem ser considerados inimigos da paz.
2. O que você sabe a respeito da cultura de paz?

Capítulo 7

# A árvore da paz

**Toda árvore boa produz frutos bons, e toda árvore má produz frutos maus.**

Mateus 7,17. ***Bíblia Sagrada***. 8. ed. Tradução da CNBB. Brasília: Edições CNBB; São Paulo: Editora Canção Nova, [s.d.]. p. 1209.

U.S. National Arboretum/U.S. Department of Agriculture

Esse bonsai de quase 400 anos resistiu à bomba atômica que atingiu Hiroxima em 1945. Cultivado durante seis gerações no Japão, o pequeno pinheiro-branco foi um presente dos japoneses aos Estados Unidos como sinal da amizade construída entre os dois países no pós-guerra.

A paz, tanto no sentido de tranquilidade quanto no de ausência de violência entre pessoas ou países, é um caminho que se deve construir. Começa-se com uma atitude pessoal, individual, que então poderá ser refletida em outros campos da vida.

Neste capítulo, usaremos a árvore como metáfora da paz. Na árvore da paz, não existem frutos ruins, como inveja, egoísmo, vingança nem violência, porque a paz é uma conquista do amor.

Falamos muito de paz, mas o que é paz? Na Grécia antiga, paz era sinônimo de ausência de guerras nos territórios gregos; já para os antigos romanos ter paz significava possuir bens materiais suficientes para viver e ser livre (não ser escravo). Para o povo judeu estar em paz significava um bem-estar espiritual. E, para os cristãos, paz é sinônimo de amor e não violência. A paz é resultado do cultivo de uma árvore com vários ramos: os ramos da justiça, da solidariedade, da compreensão, da compaixão, do perdão e do amor.

Na árvore da paz, não há lugar para inveja, egoísmo, vingança, preconceito e violência. A paz é uma conquista do amor e das boas atitudes, não das armas, do fanatismo, das brigas, das guerras. Só se constrói paz onde há igualdade de direitos e fraternidade.

Alguns programas de televisão e outros meios de comunicação focam sua temática nas mazelas humanas, deixando de lado tantas histórias de superação e boas ações. Há histórias de muitas pessoas que superam dificuldades para ajudar o próximo sem receber nada em troca, apenas o amor e o reconhecimento daqueles que elas auxiliam. Ou seja, existem muitas pessoas e grupos que cultivam a árvore da paz no dia a dia.

BECK, Alexandre. *Armandinho*. Disponível em: <http://amar-gareth.blogspot.com.br/2015/09/?m=0>. Acesso em: 5 jun. 2017.

## Cultivar minha árvore da paz

A construção de uma cultura de paz começa conosco. Vamos olhar para dentro de nós mesmos. Como temos cultivado nossa própria árvore da paz?

Madre Teresa de Calcutá, considerada um dos símbolos da paz e da caridade, costumava dizer: se quiser fazer algo para promover a paz mundial vá para casa e ame sua família.

Alexandre Beck/Acervo do cartunista

BECK, Alexandre. *Armandinho*. Disponível em: <https://tirasarmandinho.tumblr.com/search/ofender>. Acesso em: 5 jun. 2017.

Observe abaixo algumas atitudes que auxiliam a construir sua própria árvore da paz.

> **Justiça**: você se considera justo? Costuma devolver o troco que foi dado a mais? Devolve ao dono o que achou?

> **Solidariedade**: você costuma praticar a solidariedade em casa, no bairro onde mora, no colégio? Você ajuda qualquer colega necessitado ou só seus amigos?

> **Compreensão**: é a disposição (boa vontade) para entender as atitudes e os sentimentos de alguém. A compreensão é o sentimento de benevolência e delicadeza para com o outro. Você é capaz de compreender os outros? Suas fraquezas, dificuldades? Suas diferenças?

> **Compaixão**: significa ter empatia pela dor do outro. A compaixão está acima da justiça. A compaixão desperta a vontade de ajudar o próximo a superar os seus problemas. Você já praticou a compaixão alguma vez?

> **Perdão**: você é capaz de perdoar uma ofensa? Perdoamos o outro quando evitamos o ressentimento em relação a quem nos ofendeu. O perdão é um ato de amor de quem não procura os próprios interesses.

> **Amor**: o amor é o tronco da árvore da paz. A prática do amor é a garantia da paz. O que você tem feito pelas pessoas mais necessitadas? E dentro da sua casa, com seus familiares, como você promove a paz, o amor e a harmonia?

## Para ler e pensar

### Deve ser pesadelo!

Não me deixes carregar
Um ramo seco,
Inútil e morto,
Quando a razão de meu voo
É levar a meus irmãos
Um ramo cheio de vida,
Anunciador de paz!...

CÂMARA, Dom Hélder. In: *Solidariedade e paz:* Manual da Campanha da Fraternidade – 2005. São Paulo: Salesiana, 2005. p. 274.

Little Perfect Stock/Shutterstock

## Atividades

### Vamos refletir?

**1 Leia a história, reflita sobre o assunto e execute as tarefas solicitadas.**

Conta a lenda que um rei procurava uma definição de **paz**. Perguntou aos vassalos e sábios de todo o reino, e nenhuma resposta o satisfez.

Um dia, parou no casebre de um camponês e perguntou-lhe também:

— O que é paz?

A resposta agradou tanto ao rei que mandou condecorar o camponês.

a) Se você estivesse no lugar do camponês, que resposta daria ao rei?

b) Agora leia a resposta do camponês que mereceu a condecoração e comente o que você achou dessa resposta e por quê.

— A paz é Deus conosco! A paz não é uma coisa, são as pessoas: sou eu plantando a comida; é o rei distribuindo a comida que eu plantei; é Deus fazendo a comida crescer e amadurecer... Tudo isso é a paz...

c) Selecione músicas que falem de paz. Escreva alguns trechos e leia-os para os colegas.

### Pensando juntos

**2 Converse com um colega e respondam juntos abaixo.**

a) Que símbolos da paz vocês conhecem?

b) Identifiquem gestos e atitudes de paz no ambiente onde vocês vivem.

3 **Em sua opinião, quais as atitudes que devemos ter para construir a paz?**

______________________________________________

______________________________________________

______________________________________________

4 **Ainda com um colega, leiam as frases e façam o que se pede.**

a) Reflitam sobre o tema e identifiquem se as afirmativas estão corretas ou não.

- Paz interior é a paz voltada para a saúde individual.

  ( ) Sim ( ) Não

- Paz social é a paz com os outros.

  ( ) Sim ( ) Não

- Paz militar é ausência de confronto armado.

  ( ) Sim ( ) Não

- Paz total é a paz em todas as dimensões.

  ( ) Sim ( ) Não

b) Agora pensem no Brasil.

- Em sua opinião, em qual dessas dimensões o nosso país está melhor? Explique.

  ______________________________________________

  ______________________________________________

  ______________________________________________

  ______________________________________________

- E em qual delas o Brasil precisa melhorar? Exemplifique.

  ______________________________________________

  ______________________________________________

  ______________________________________________

  ______________________________________________

## Ideias em ação

5 **Em duplas, confeccionem uma bandeira da paz, desenhando-a com símbolos, palavras ou frases sobre o tema. Depois a exponha em algum ambiente da escola com grande circulação de pessoas.**

Capítulo 8

# Violência, inimiga da felicidade

**Violência não é um sinal de força, a violência é um sinal de desespero e fraqueza.**

DALAI LAMA. In: JORGE, Paulo (Org.). ***As melhores frases já ditas***. Disponível em: <http://tinyurl.com/jotczmj>. Acesso em: 7 fev. 2017.

Khaled al-Hariri/Reuters/Latinstock

Violência na Síria: à esquerda, manifestantes perto da mesquita de Omari, na cidade de Deraa, em março de 2011. À direita, observa-se a mesma área já destruída pelos ataques ocorridos em março de 2017.

Ao longo da vida, provavelmente todos vamos presenciar ou causar ou ser vítimas de algum ato de violência. A violência se caracteriza por ser qualquer tipo de constrangimento ou agressão física ou moral. E se manifesta com a utilização da tirania, da opressão e do abuso da força.

Neste capítulo, o foco é trabalhar alguns tipos de violência e como nossas ações podem colaborar para criar uma cultura de paz e fraternidade, de modo que seja possível produzir uma sociedade mais justa e um planeta mais equilibrado.

A violência está em nosso cotidiano, tanto no Brasil quanto em países estrangeiros, e se manifesta em muitos graus e de muitas maneiras. Ela pode ir de um olhar, um tom de voz, uma frase ou um gesto até um homicídio.

A violência sempre esteve presente na história da humanidade em contextos bem diversificados e visando a objetivos diversos. Mas atualmente ela vem atingindo níveis insuportáveis. Vivemos em constante medo: medo de assalto, tiro, roubo, bala perdida, etc. Até as escolas tornaram-se palco de violência. Hoje, mais do que nunca, "viver é muito perigoso", como disse o escritor Guimarães Rosa em sua obra *Grande Sertão: Veredas*, mas isso não quer dizer que devemos nos acostumar e cruzar os braços aceitando a situação.

De acordo com o *Atlas da Violência 2016*, estudo feito pelo Instituto de Pesquisa Econômica Aplicada (Ipea) e pelo Fórum Brasileiro de Segurança Pública (FBSP), aproximadamente 10% dos homicídios do mundo ocorreram no Brasil.

Bruno Galvão/Acervo do cartunista

GALVÃO, Bruno. *Mapa da violência*. Disponível em: <http://chargesbruno.blogspot.com.br/2012/04/>. Acesso em: 5 jun. 2017.

## Tipos de violência

Existem vários tipos de violência. Submeter uma pessoa a constrangimento moral, como quando um chefe humilha publicamente um subordinado, é um tipo de violência chamado assédio moral. Exigir que alguém realize um trabalho que esteja além de suas capacidades físicas e que prejudique seu desenvolvimento, como o trabalho infantil, é outro tipo de violência.

Um cônjuge (ou parceiro afetivo) que constantemente humilhe, ridicularize e/ou ofenda a honra do(a) companheiro(a) também está cometendo um tipo de violência.

A violência ofende e degrada nossos direitos fundamentais, como a integridade física e a segurança.

Para reverter esse cenário, é muito importante o papel dos governos na definição de políticas públicas que realmente sejam eficientes no combate às raízes desse fenômeno que é a violência.

Mas e nós? Somos capazes de fazer alguma coisa para que essa realidade seja modificada?

## Movimentos pela paz

Cada um pode fazer sua parte para conter a violência. Há muitas pessoas no mundo empenhadas na luta pela paz, atuando em movimentos dedicados à erradicação da violência.

Um exemplo de movimento pela paz é o Fórum Mundial pela Paz, que em 2016 teve sua 10ª edição e foi realizado no Brasil. O objetivo do evento é contribuir para a construção de um mundo mais pacífico, promovendo a paz, a tolerância e a compreensão por meio do diálogo multicultural.

Rafaela Martins/SEC

O *Flash mob* (dança em grupo em local e hora predeterminados) realizado em Florianópolis (SC) na abertura do 10º Fórum Mundial da Paz, em 2016, reuniu cerca de duzentas pessoas para celebrar a paz.

No Brasil, o Movimento pela Paz e Não Violência acredita que a cultura da paz é uma construção da sociedade civil organizada, por meio da união de educadores, artistas, lideranças comunitárias e religiosas, empresas, etc. Às instituições governamentais, cabe evitar conflitos e combater a violência.

### Solidariedade × violência

A solidariedade previne a violência. Uma sociedade solidária devolve aos excluídos a cidadania e condições dignas de vida. Numa sociedade solidária, o processo de construção de uma cultura de paz passa:

- pelo reconhecimento dos direitos de todos;
- pela superação da fome e da miséria;
- por uma justa distribuição da renda;
- pela correta administração dos bens públicos e da Justiça;
- pela conservação do meio ambiente;
- por uma classe política solidária que trabalha pela elaboração de leis que promovam o bem comum de toda a sociedade.

Texto elaborado com base em: CAMPANHA da Fraternidade – 2005 Ecumênica. São Paulo: Salesiana; São Leopoldo (RS): Sinodal. p. 57. n. 96.

## *Para ler e pensar*

### Oração da paz

Ó Senhor, Deus da vida,

que cuidas de toda criação, dá-nos a paz!

Que a nossa segurança não venha das armas, mas do respeito.

Que a nossa força não seja a violência, mas o amor.

Que a nossa riqueza não seja o dinheiro, mas a partilha.

Que o nosso caminho não seja a ambição, mas a justiça.

Que a nossa vitória não seja a vingança, mas o perdão.

Desarmados e confiantes, queremos defender a dignidade de toda a criação, partilhando, hoje e sempre, o pão da solidariedade e da paz.

Por Jesus Cristo, teu Filho divino, nosso irmão, que, feito vítima da nossa violência, ainda do alto da cruz, deu a todos o teu perdão.

Amém!

CAMPANHA da Fraternidade – 2005 Ecumênica.
São Paulo: Salesiana; São Leopoldo (RS): Sinodal. (Texto da quarta capa.)

Vitral representando Jesus e sua mãe, Maria, a caminho do Calvário. A peça encontra-se na Catedral de São Romualdo, construída no século XIII em Mechelen, na Bélgica. Foto de 2015.

## Atividades

### Vamos refletir?

**1** **Você já percebeu como a vida é cheia de contrastes?**

a) Pense neles enquanto completa as lacunas.

| | | |
|---|---|---|
| Justiça | → | ________ |
| Colaboração | → | ________ |
| Liberdade | → | ________ |
| ________ | ← | Intolerância |
| ________ | ← | Egoísmo |
| Verdade | → | ________ |
| Amor | → | ________ |
| Diálogo | → | ________ |
| ________ | ← | Vingança |
| Gentileza | → | ________ |
| Paz | → | ________ |

b) Consulte a lista do item **a** e preencha os espaços abaixo.

- Estes geram a violência.

________
________
________
________
________
________

- Estes geram a paz.

________
________
________
________
________
________

Biry Sarkis/Arquivo da editora

2 Analise as fotos abaixo e responda ao que se pede, considerando o que você estudou no capítulo.

Foto 1

Philippe Lopez/Agência France-Presse

Voluntários distribuindo sopa aos sem-teto de Paris, França. Foto de 2016.

Foto 2

StanislavBeloglazov/Shutterstock

Menina trabalhando em uma fábrica de tijolos no Nepal, em 2011.

a) A atitude mostrada na foto 1 é uma forma de conter a violência? Por quê?

b) A situação exposta na foto 2 é uma forma de violência? Explique.

## Pensando juntos

3 Converse com o professor e os colegas sobre cada questão e depois redija suas conclusões.

a) Você considera difícil resolver conflitos de forma pacífica? Comente.

b) Em sua opinião, quais setores da sociedade brasileira precisam solucionar seus conflitos pacificamente? Explique.

## Ideias em ação

**4 Em duplas e usando as frases abaixo, ou outras de sua escolha, preparem cartazes para expor na escola.**

a) Paz: você pode construí-la!

b) Felizes os que promovem a paz!

c) Plante a paz no coração!

d) A paz está em nossas mãos.

e) A paz é fruto da justiça.

f) Fomos feitos para construir a paz.

g) Diálogo: caminho para a paz.

h) A paz esteja convosco!

i) O mundo pede paz.

j) Paz é a gente que faz.

k) Respeito, perdão, diálogo = Paz!

Hero Images/Getty Images

Crianças trabalham em projeto com cartazes em uma escola de Alberta, Canadá. Foto de 2013.

**5 O ambiente harmonioso e pacífico entre os colegas na escola é dever de todos e de cada um. Pense sobre estas questões e converse com os colegas da classe.**

a) Há em sua turma apelidos ofensivos e/ou preconceituosos?

b) Há exclusão de colegas nas atividades em grupo?

c) Ocorrem comentários negativos sobre a aparência física de algum colega?

d) Há formação de "panelinhas", causando a exclusão de outras pessoas?

e) Acontecem brincadeiras de mau gosto, causando constrangimento ou *bullying*?

f) Qual é sua atitude diante disso? Você participa? Cala e consente?

Capítulo 9

# A força da não violência ativa

**A não violência é a maior força disponível da humanidade. É mais poderosa do que a arma mais poderosa de destruição já criada pela ingenuidade do homem.**

GANDHI, Mahatma. ***20 frases ditas por Gandhi que vão mover seu coração***. Disponível em: <https://tinyurl.com/j9xc6v2>. Acesso em: 7 mar. 2017.

Rühe/ullstein bild/Getty Images

Mahatma Gandhi (1869-1948), disseminador do conceito da não violência ativa, durante a Marcha do Sal, em 1930. O objetivo da marcha era protestar contra uma medida britânica que impedia os indianos de extrair sal de seu próprio país. A marcha durou 25 dias e percorreu 400 quilômetros.

Violência é a aplicação de uma intensa força física ou moral com o objetivo de causar dano ou intimidação a outro ser vivo. A violência, usada para diversos fins, é presente nos agrupamentos humanos desde tempos remotos. Usamos violência, **paradoxalmente**, até para solucionar conflitos, como nas guerras mundiais.

Um dos meios para combater a violência é a chamada não violência ativa, também chamada de cultura de paz. A não violência ativa é um dos principais ensinamentos de Jesus, como veremos adiante, neste capítulo.

**Paradoxal:** aparente falta de nexo ou de lógica; contradição.

O combate à violência nas relações humanas tem sido foco de preocupações ao longo da nossa existência. Independentemente de classe social, a violência se produz e se reproduz em ambientes onde as normas morais são muito flexíveis ou estão degradadas. Há várias formas de violência: física, psicológica, sexual, etc.

Durante milênios, quando as instituições (como governo e sistemas legais) não existiam ou não eram obedecidas, o ser humano fez justiça com as próprias mãos. Imperava a lei do mais forte.

Por volta do segundo milênio a.C., foi criado na Mesopotâmia o Código de Hamurabi, um conjunto de leis que limitavam as penas aos criminosos. O documento se serviu da lei de talião, que prevê uma penalidade proporcional à ofensa cometida pelo criminoso. Ou seja, "olho por olho, dente por dente".

De Agostini/Getty Images/Museu do Louvre, Paris, França

Detalhe da estela (monumento em rocha vertical) de que constam as inscrições do Código de Hamurabi. A imagem representa o momento em que o rei Hamurabi (em pé) recebe do deus da justiça o conjunto de leis que levou seu nome. Criada no segundo milênio a.C., a peça está abrigada no Museu do Louvre, em Paris.

Ao estabelecer a reciprocidade de pena, a lei de talião fixava, por exemplo, que, se um membro da família *A* matasse uma pessoa da família *B*, a penalidade do criminoso seria o assassinato de um membro da família *A*.

Por ser a legislação mais comum daquele período histórico, até a própria Bíblia cita a lei de talião. Veja abaixo.

> Se, porém, houver dano maior, então pagarás vida por vida, olho por olho, dente por dente, mão por mão, pé por pé, queimadura por queimadura, ferimento por ferimento, contusão por contusão.
>
> Êxodo 21,23-25. *Bíblia Sagrada*. 8. ed. Tradução da CNBB. Brasília: Edições CNBB; São Paulo: Editora Canção Nova, [s.d.]. p. 92.

Macrovector/Shutterstock

## A lei do amor

Jesus Cristo trocou a lei de talião pela lei do amor. Ele ensinou seus seguidores a amar os inimigos, fazer o bem aos que os odiavam, orar pelos que os caluniavam, etc. (Lucas 6,27-35).

João Prudente/Pulsar Imagens

Cena representando o momento em que Jesus restaura a orelha de Malcus, soldado romano pertencente à tropa destacada para prendê-lo. Entalhadas em madeira, as estátuas foram criadas em tamanho natural pelo escultor brasileiro Aleijadinho. As esculturas encontram-se no Santuário de Bom Jesus de Matosinhos, em Congonhas, Minas Gerais. Foto de 2015.

A lei do amor e da solidariedade, porém, não significa passividade e aceitação diante de atos violentos. Os praticantes da não violência não são covardes. Eles combatem a injustiça promovendo a cultura de paz, estimulando a tolerância, incentivando a cooperação mútua e buscando caminhos para fortalecer valores, atitudes, crenças e comportamentos que conduzam ao respeito universal, a uma sociedade mais igualitária e a uma convivência humana mais serena.

A cultura de paz se relaciona com prevenção e solução de conflitos sem uso de violência, mas sim por meio do diálogo e da negociação. A não violência ativa é, portanto, uma ferramenta de luta contra todo tipo de opressão social.

Combater violência com mais violência acaba estabelecendo um círculo vicioso de ódio e destruição. Para evitar essa armadilha, grandes ativistas, como Mahatma Gandhi (1869-1848) e Martin Luther King (1929-1968), defendiam métodos alternativos.

Gandhi conseguiu a liberdade do povo indiano sem nunca disseminar a violência. Ele pregava a resistência à dominação britânica propagando o boicote a produtos ingleses e organizando manifestações públicas.

Quando surgiram conflitos entre hindus e muçulmanos, Gandhi se obrigou a um longo jejum (greve de fome) para tentar sensibilizar os envolvidos e cessar os desentendimentos.

Bettmann Archive/Getty Images

O pastor estadunidense Martin Luther King (em destaque) lidera um protesto no centro de Detroit, nos Estados Unidos. Foto de 1963.

O estadunidense Martin Luther King foi um ativista pelos direitos civis dos negros nas décadas de 1950 e 1960. Ele organizou e liderou marchas pelo direito dos negros de votar, pelo fim da segregação racial no trabalho e no transporte público, etc. Em 1964, King recebeu o Prêmio Nobel da Paz pelo combate não violento à desigualdade racial.

A ativista africana Leymah Gbowee também ficou conhecida mundialmente pelo emprego da não violência ativa e pela paz. Ela liderou o movimento que pôs fim à Segunda Guerra Civil da Libéria (2003). É conhecida como Guerreira da Paz.

A Organização das Nações Unidas para a Educação, a Ciência e a Cultura (Unesco) estabeleceu um período de dez anos para disseminar uma campanha mundial de promoção da cultura de paz, de 2000 a 2010.

A campanha traçou os seis princípios (pilares) fundamentais da cultura de paz, que estão a seguir. Vamos praticá-los.

1. Respeitar a vida.
2. Rejeitar a violência.
3. Ser generoso.
4. Ouvir para compreender.
5. Preservar o planeta.
6. Redescobrir a solidariedade.

O amparo aos que precisam é um sinal de genuína solidariedade. Jovem voluntária auxilia sem-teto.

Lisa F. Young/Shutterstock

## Não quero mais guerra
(balada)

Primavera, da ilustradora inglesa Emma Allen, 2014.

Emma Allen/Acervo da artista

Quero um lugar que
esteja em primavera,
onde surja o sol
atrás da serra;
desejo que a lua,
a estrela, o luzeiro
voltem a brilhar no
mundo inteiro.
Não quero mais ódio, não
quero mais guerra,
desejo a paz em toda a
Terra.

Quero que nos
sulcos de cada
plantação
brotem os frutos de
paz e união;
anseio ver lares
cheios de aspirações
onde exista amor
nos corações.

Não quero mais ódio, não
quero mais guerra,
desejo a paz em toda a
Terra.

Quero que as aves
voltem a seus ninhos,
que abandonaram em
campos floridos;
desejo que a gente
retorne aos povoados
sem temor ou medo de
ser sequestrados.

Não quero mais ódio, não
quero mais guerra,
desejo a paz em toda a
Terra.

Quero que as crianças
tenham um lar
no aconchego dos pais
felizes a velar;
anseio que em minha pátria
reine a alegria
e voltem os sonhos
com sua fantasia.

Não quero mais ódio, não
quero mais guerra,
desejo a paz em toda a
Terra.

Texto elaborado com base em: CUERVO, Héctor José Corredor. *No quiero más guerra*. Tradução nossa. Disponível em: <www.poesi.as/pcheccor16.htm>. Acesso em: 17 mar. 2017.

# Atividades

## Vamos refletir?

**1** **Leia, pense e responda ao que se pede.**

No livro *O menino do dedo verde*, de Maurice Druon, o menino Tistu faz brotar flores com um simples gesto de seu polegar. Assim, cobriu de flores as grades e muros de hospitais, presídios, orfanatos e fábricas. Fez também com que os canhões de guerra, em lugar de munição, lançassem flores.

Reprodução/Editora José Olympio

a) Você percebe os sinais de violência e de paz nessa história? Explique.

______________________________________________

______________________________________________

______________________________________________

b) Em sua opinião, que outros lugares deveriam receber também a mágica de Tistu?

______________________________________________

______________________________________________

______________________________________________

c) Você não pode fazer brotar flores com seu toque, mas pode praticar inúmeros outros gestos de paz. Quais?

______________________________________________

______________________________________________

______________________________________________

**2** **Para responder às questões que seguem, faça uma pesquisa sobre o prêmio Nobel da Paz.**

a) O que é?

______________________________________________

______________________________________________

______________________________________________

b) Quais foram as três mais recentes personalidades premiadas e os motivos da premiação?

c) Pesquise quem foi o(a) mais recente ganhador(a) do Nobel da Paz e conte sua história.

**3** **Leia a frase abaixo, que representa o pensamento do estadunidense Martin Luther King, reconhecido como um dos maiores pacifistas do mundo. Depois responda às questões.**

> O que me preocupa não é o grito dos violentos, nem dos corruptos, nem dos desonestos, nem dos sem caráter, nem dos sem ética. O que mais me preocupa é o silêncio dos bons.
>
> LUTHER KING, Martin. In: DIAS, Arcelina Helena Públio. *Memória e libertação*. São Paulo: Ave-Maria, 2014.

The Life Picture Collection/ Getty Images

Luther King em 1960.

a) Diante de uma injustiça é melhor calar-se para não se complicar. Você concorda? Explique.

b) Em poucas palavras, Martin Luther King deu a estratégia para combater a violência. Qual é essa estratégia? Explique.

c) Você sabe se há entidades que recebem denúncias anônimas sobre diversos tipos de crime? Informe-se sobre as que existem em sua cidade e escreva abaixo ao menos quatro exemplos.

## Ideias em ação

**4** **A exemplo do menino Tistu, que tal criar um jeito de transformar a violência em harmonia, alegria e cores? Em grupos, sigam os passos abaixo.**

a) Recortem fotos, notícias e reportagens sobre violência.

b) Com esse material, façam dobraduras, recortes, colagens e desenhos, transformando-os em símbolos de fraternidade e paz. Podem ser flores, corações, Sol, bandeiras, bonecos de mãos dadas, bolas, pombos, elos entrelaçados (correntes), etc.

c) Depois, montem uma exposição ou um painel, juntando os trabalhos de todos os grupos.

**5** **Vamos fazer uma gincana sobre o tema PAZ? Orientados pelo professor, organizem-se em grupos e mãos à obra! Eis as tarefas abaixo.**

a) Criar uma frase (*slogan*) com o tema paz.

b) Criar e apresentar uma paródia musical falando de paz.

c) Confeccionar um símbolo da paz, usando materiais recicláveis.

d) Apresentar num cartaz a palavra paz, escrita em várias línguas.

## Saiba mais

***A história da não violência*. Documentário *on-line*.**

Divulgado pelo Movimento Humanista, o documentário aborda a trajetória de algumas personagens que marcaram a história da não violência no mundo, como Tolstoi, Gandhi, Martin Luther King e Silo. Disponível em: <https://tinyurl.com/y8nbquvu>. Acesso em: 6 maio 2017.

Reprodução/Arquivo da editora

Reprodução/Editora Objetiva

***Não violência, a história de uma ideia perigosa*. Mark Kurlansky, editora Objetiva, 2013.**

O autor do livro descreve os pensamentos de líderes como Jesus, Maomé e Buda para comprovar que esses ensinamentos estão vivos por meio da ação de pessoas como Gandhi e Martin Luther King Jr. A obra busca mostrar que a melhor saída para resolver qualquer conflito é a cultura da paz.

# Islamismo (II)

## O Alcorão

> Abre a boca somente quando estás seguro de que
> o que vais dizer é melhor do que o silêncio.
>
> Ditado árabe.

Os muçulmanos seguem o Alcorão e a tradição (Suna). A tradição contém ensinamentos e ações dos antepassados, em especial de Maomé.

O Alcorão foi escrito em árabe e está dividido em 114 suras ou suratas (capítulos), subdivididas em versículos. Os muçulmanos acreditam que a língua é inseparável do conteúdo; por isso, para compreender bem as mensagens do livro sagrado, o seguidor deve estudá-lo no idioma original.

Os assuntos tratados nas suratas são variados. Não trata apenas de religião. Para o islã ali se reúnem também conhecimentos de leis civis, penais, militares, assim como conselhos e instruções sobre muitos aspectos da vida humana.

Não há uma sequência a ser obedecida no Alcorão. Segundo seus seguidores, os assuntos são mesclados para mostrar como tudo está interligado e como é possível haver unidade e harmonia mesmo na diversidade.

Ao contrário da maioria dos países ocidentais, no islamismo religião e Estado são inseparáveis. Nas nações em que o islamismo é a religião oficial, quem cuida da religião cuida também do Estado. "A Deus pertence tudo o que está nos céus e tudo o que está na Terra. E a Ele dizem respeito todos os assuntos" (Surata 3:109). A própria palavra árabe *íslam*, da qual se origina *islã*, significa "submissão" (a Deus).

Christie's Images/Bridgeman Images/Easypix Brasil/Coleção particular

Há controvérsia sobre esse documento do século XVI: podem ser páginas de um exemplar do Alcorão ou do Tabriz, obra também importante no islamismo.

No Alcorão, há muita influência da Bíblia judaico-cristã que conhecemos, a começar pela crença em um Deus único. O primeiro princípio de fé, muito repetido, é: Não existe outro Deus senão Alá (Deus em árabe) e Maomé é seu profeta. Segundo Maomé, a revelação, feita aos profetas do Antigo e do Novo Testamento, não foi devidamente seguida pelos judeus e cristãos. Daí a necessidade desta terceira revelação.

O texto original do Alcorão é considerado uma obra-prima da prosa e da poesia árabe.

## Citações

A primeira surata (surata de abertura) é muito utilizada pelos muçulmanos:

> Em nome de Deus, o Clemente, o Misericordioso.
>
> Louvado seja Deus, o Senhor dos mundos,
>
> o Clemente, o Misericordioso,
>
> o Soberano do dia do Julgamento.
>
> A Ti somente adoramos. Somente de Ti imploramos socorro.
>
> Guia-nos na senda da retidão,
>
> a senda dos que favoreceste, não dos que incorrem na Tua ira, nem dos que estão desencaminhados.
>
> Tradução de Mansour Challita, Associação Cultural Internacional Gibran, Rio de Janeiro, [s.d.].

> E trabalhem todos à causa de Alá e não se dividam. Lembrem-se de como vocês eram inimigos uns dos outros e Ele uniu seus corações, tornando-os irmãos por Sua graça.
>
> Texto elaborado com base em: Surata 3,103.

> Estou mais próximo de vós que a veia de vosso pescoço.
>
> Surata 50:16.

## Atividades

**1** **Converse com o professor e os colegas sobre as questões e responda.**

a) Qual é o nome do livro sagrado do islamismo?

______________________________

b) Como surgiu esse livro?

______________________________

______________________________

______________________________

c) Quem escreveu o livro?

______________________________

______________________________

______________________________

d) Quando ficou pronto o livro sagrado do islamismo?

______________________________

______________________________

______________________________

**2** **Em duplas, leiam e completem, consultando o texto.**

a) O Alcorão é dividido em capítulos, chamados __________ ou __________, que são subdivididos em __________.

b) O Alcorão não trata apenas de __________. Ele reúne também leis __________, __________ e __________.

c) O texto original do Alcorão é considerado uma __________ da prosa e da poesia árabe.

d) Os muçulmanos acreditam que, para __________ as mensagens do livro sagrado, o seguidor deve __________ no idioma __________.

3 Escreva no quadrinho a primeira surata de abertura do Alcorão, que é muito rezada pelos muçulmanos.

________________________________________
________________________________________
________________________________________
________________________________________
________________________________________
________________________________________
________________________________________
________________________________________

4 **Com os conhecimentos adquiridos neste capítulo, responda ao que se pede.**

a) A religião fundada por Maomé é conhecida por três nomes diferentes. Quais são eles?

________________________________________

b) De onde derivam esses nomes?

________________________________________
________________________________________
________________________________________

c) Para entender melhor, complete o significado das palavras abaixo.

- Muçulmano: ________________________________________.
- Islã: ________________________________________.
- Maomé: ________________________________________.

5 **Como consequência dos três nomes da religião fundada por Maomé, como podem ser chamados os seus seguidores?**

________________________________________

UNIDADE 4

# Além dos limites humanos



Os desejos humanos não têm limites. Nem a rara beleza da falésia Trolltunga, em Hordaland, Noruega, satisfaz completamente os desejos humanos. Foto de 2013.

Ingram Publishing/Getty Images

Denys Bilytskyi/Alamy Stock Photo/Fotoarena

A Via Láctea, um espetáculo para nossos olhos, ainda representa um enigma para o ser humano. Foto na Ucrânia, em 2015.

1. Muitas pessoas são consumistas? Explique.
2. Como procuramos preencher a sede de felicidade que nunca saciamos?

Capítulo 10

# A insatisfação do ser humano

**Não ande averiguando quanto tens, mas o que tu és. A verdadeira felicidade não consiste em ter muito, mas em se contentar com pouco.**

SANTO AGOSTINHO. In: CASTRO, Willian. ***Provérbios de Santo Agostinho***. [S.l.]: 101 Seleções, [s.d.].

Bridgeman Images/Easypix Brasil/Museu Munch, Oslo, Noruega.

*Ansiedade*, 1894, do artista norueguês Edvard Munch, imortalizou uma das emoções que mais assolam o ser humano que se sente incompleto, vazio. (Óleo sobre tela, 94 cm × 73 cm.)

A constante insatisfação humana é tema recorrente em vários campos de estudo. É comum idealizarmos que determinada conquista finalmente aplacará a fome de felicidade. Será?

Diante de tantas opções de escolha no mundo material, muitas vezes o indivíduo se vê buscando algo que nem sabe o que é.

A incompletude humana é o tema deste capítulo, que vai nos levar a refletir também sobre o que significa a promessa de satisfação feita pelo mundo material.

Qual é a diferença entre uma rua sem saída e uma estrada que se estende até onde a vista não alcança?

O limite da rua sem saída é bem visível; o da estrada, não. A primeira é fechada, completa; a outra é aberta, parece incompleta aos nossos olhos.

As necessidades dos animais irracionais, por exemplo, são limitadas e previsíveis, o que nos faz lembrar uma rua sem saída. Já as necessidades humanas são ilimitadas, tal como uma estrada em direção ao infinito.

Não nos contentamos apenas com a satisfação de nossas necessidades biológicas. Por isso, é natural que busquemos algo mais. O ser humano é incompleto, está sempre voltado para a frente, procurando o fim da estrada. Ele não é um "beco sem saída".

Iakov Kalinin/Shutterstock

Sem limites, os desejos humanos parecem uma estrada sem fim – nunca são totalmente satisfeitos. Foto de estrada na Rússia.

Se a satisfação das necessidades básicas completasse a pessoa, o povo sueco não precisaria de mais nada para ser feliz. No entanto, uma jovem sueca desabafou: "Por que o Estado, que nos providencia tudo, não nos faz felizes?".

Uma pesquisa feita pela Universidade de Harvard, nos Estados Unidos, ao longo de quase oitenta anos procura justamente responder à questão: Como podemos ser mais felizes?

O psiquiatra Robert Waldinger, diretor da pesquisa intitulada *Estudo sobre o Desenvolvimento Adulto*, diz que para chegarmos a essa resposta precisamos iniciar nos questionando:

> "Estou fazendo as coisas que têm significado para mim? Esse é o tipo de pergunta que devemos nos fazer quando falamos de felicidade", sugere Waldinger. [...]
>
> "Nós não estamos dizendo que você não pode querer ganhar mais dinheiro ou estar orgulhoso do seu trabalho. Mas é importante não esperar que sua felicidade dependa dessas coisas", destaca. [...]
>
> "A tendência é nos isolarmos, ficar em casa para ver televisão ou nas redes sociais. Mas, na minha própria vida, eu percebi que sou mais feliz quando não estou fazendo isso". [...]

Waldinger reconhece que pode ser difícil não perder de vista o que realmente importa. E ressalta que o importante para nos mantermos felizes e saudáveis ao longo da vida é a qualidade dos nossos relacionamentos.

Em parte, isso se deve ao bombardeio de mensagens que recebemos – anúncios de publicidade dizendo, diariamente, que se comprarmos algo seremos mais felizes ou amados. [...]

MARTINS, Alejandra. O que realmente nos faz felizes? As lições de uma pesquisa de Harvard que há quase oito décadas tenta responder a essa pergunta. *BBC Mundo*, 23 nov. 2016. Disponível em: <www.bbc.com/portuguese/curiosidades-38075589>. Acesso em: 21 fev. 2017.

Suzi Eszterhas/Minden Pictures/Getty Images

Criar relações de confiança contribui para o desenvolvimento emocional do ser vivo. Filhote de orangotango é auxiliado pela mãe nos seus primeiros saltos sobre as árvores em área verde de Sumatra, na Indonésia. Foto de 2010.

## O que nos completa?

A experiência ensina que o homem nunca vive satisfeito.
Ganha dinheiro e quer ganhar sempre mais dinheiro.
O dinheiro não o completa.
Recebe elogios e suspira por novos elogios.
Os elogios não o completam.
Procura festas e quer sempre mais festas.
As festas não o completam.
Procura esporte e quer sempre mais esporte.
O esporte não o completa.
Procura música e continua querendo sempre mais música.
A música não o completa.
Conhece gente e continua desejando conhecer mais gente.
Ninguém o completa inteiramente.
Ninguém, exceto Deus.

Texto elaborado com base em: MOHANA, João. *O mundo e eu*. Rio de Janeiro: Agir, 2000. p. 37; *Prepare seus filhos para o futuro*. Rio de Janeiro: Globo, 2002. p. 218.

## Agrado aos deuses

Em geral, os povos antigos cultuavam vários deuses. Eles acreditavam que necessitavam dos deuses para protegê-los de desgraças e para lhes assegurar pesca, caça e colheita abundantes. Com esses objetivos, os povos antigos buscavam agradá-los oferecendo-lhes frutos do trabalho cotidiano e sacrifícios de animais.

A ideia de agradar os deuses para ter prosperidade levou os gregos a erguer um altar ao "deus desconhecido". Eles temiam que, se ignorassem algum deus, ele viesse a se vingar do povo "negligente". Alguns povos praticavam sacrifícios humanos (pessoas eram mortas e oferecidas aos deuses). Um exemplo são os maias, que viviam na região correspondente hoje ao México e à Guatemala.

Albert Uderzo e René Goscinny/Les Éditions Albert-René/Goscinny-Uderzo

Por volta do ano 50 a.C., os habitantes de uma tribo **gaulesa**, amedrontados com a chuva e os trovões, discutem a proteção que podem esperar de seus deuses.

GOSCINNY; UDERZO. *Asterix:* o adivinho. Rio de Janeiro: Record, 1985.

**Gaulês:** refere-se à população celta que habitava a antiga Gália, território que corresponde hoje à França, à Bélgica e ao norte da Itália.

## Consumismo

A sociedade capitalista tenta preencher a necessidade humana de plenitude incentivando a aquisição de mercadorias (bens materiais), como eletrodomésticos, roupas, calçados, brinquedos, jogos, carros e casas. A cada dia, estimulam artificialmente a satisfação de novas necessidades, levando-nos a uma busca inútil.

O consumismo é uma espécie de idolatria. Dos meios de comunicação de massa e das redes sociais, principalmente,

Ana Luiza Timm Soares/Acervo da fotógrafa

O consumismo pode ser comparado a um monstro devorador. Pichação anônima em Florianópolis (SC). Foto de 2010.

partem os preceitos para consumir. As pessoas acreditam que é necessário consumir. E, quando não conseguem consumir, sentem-se marginalizadas, frustradas. Por isso, muitos sacrificam seus momentos de lazer – o tempo que deveriam dedicar à família e à própria vida – para ganhar dinheiro e servir ao deus do consumo.

## O nome de nosso Deus

Em todos os aeródromos, em todos os estádios, no ponto principal de todas as metrópoles, existe – quem é que não viu? – aquele cartaz...

De modo que, se esta civilização desaparecer e seus dispersos e bárbaros sobreviventes tiverem de recomeçar tudo desde o princípio – até que um dia também tenham os seus próprios arqueólogos – estes hão de sempre encontrar, nos mais diversos pontos do mundo inteiro, aquela mesma palavra.

E pensarão eles que Coca-Cola era o nome do nosso Deus!

QUINTANA, Mário. *Caderno H*. Porto Alegre: Globo, 2013. p. 48.

Biry Sarkis/Arquivo da editora

# Para ler e pensar

## Não nos bastamos

Somos seres **visceralmente** vocacionados ao sonho. Somos o único animal que não pode deixar de sonhar. O único animal incompleto. Uma vaca está na sua plenitude bovina, feliz; o cachorro, na sua plenitude canina, precisa só de uma comidinha, um carinho e fala consigo ao nos fitar: "Coitado, ele ainda tem de fazer reunião, discutir política, ler jornal, enfrentar problemas familiares". A samambaia precisa de muito pouco para ser feliz, um pouquinho de sol e água.

Nós não. Somos seres marcados pela incompletude e, por isso, a nossa completude só se realiza no sonho. Temos de sonhar. O sonho pode ser um projeto político, uma fé religiosa, um ideal profissional ou uma vocação artística. Somos seres vocacionados à **transcendência**. Não nos bastamos.

FREI BETTO. Efeitos do pensamento. *Caros amigos*, ano 4, n. 40, jul. 2000. (Fragmento.)

Christie's Images/Bridgeman Images/Easypix Brasil/Coleção Particular

Como seres sociais, precisamos do outro. *A esposa do marinheiro*, do pintor inglês Ralph Todd (1856-1932). (Lápis e aquarela, 43,2 cm × 29,3 cm.)

**Visceral:** algo que está muito íntimo ou profundo.

**Transcendência:** aquilo que vai além de nosso horizonte; que nos ultrapassa.

# Atividades

## Vamos refletir?

**1** **Leia o texto abaixo e faça o que se pede.**

A menininha havia passado o sábado brincando: brincou com os primos, com os gatos, com o cachorro; andou de bicicleta, de patinete e ainda foi a um aniversário.

À noite, na hora de dormir, reclamou: O que eu aproveitei deste sábado? Não quero dormir! Quero brincar!

André Valle/Arquivo da editora

a) Identifique no texto *O que nos completa?*, de João Mohana (da página 90), a frase que combina com a reclamação da menina e a reescreva abaixo.

b) Conte um fato semelhante vivenciado ou presenciado por você.

c) Por que será que os seres humanos estão quase sempre insatisfeitos?

**2** **Assinale com um x as afirmativas que você considera corretas.**

( ) A cada desejo que se realiza, segue-se um novo desejo.

( ) Tendo roupa, casa e comida, a pessoa está completamente feliz.

( ) O ser humano está sempre em busca de novas realizações.

( ) Nada neste mundo sacia completamente o coração humano.

( ) O ser humano é um beco sem saída.

( ) Só Deus completa o vazio do coração humano.

## Trocando ideias

**3** **Leia a frase, converse sobre ela com o professor e os colegas e depois responda.**

Na verdade, Deus está em cada estrada, em cada esquina. Mas a maioria dos homens o sonega, o esconde, o põe nas nuvens e museus... Por isso não o descobrem.

BONATTI, Padre Mário. *A vida tem a cor que você pinta*. São Paulo: Edições Loyola, 2002.

- Como se pode descobrir Deus na vida?

______________________________________________

______________________________________________

______________________________________________

## Pensando juntos

**4** **Em duplas, conversem sobre as questões e as respondam.**

a) Quais são os falsos deuses da nossa época? Falem sobre eles.

______________________________________________

______________________________________________

______________________________________________

b) Por que apenas a vida material não pode preencher a nossa vida?

______________________________________________

______________________________________________

c) Por que os gregos adoravam um "deus desconhecido"?

______________________________________________

______________________________________________

## Momento de oração

**5** **Pesquise na Bíblia as duas orações existentes nos itens do livro dos Salmos citados abaixo. Depois se concentre e faça as orações, lendo-as para si apenas.**

Macrovector/Shutterstock

a) Sl 62 (61),2

b) Sl 63 (62),2

Capítulo 11

# A fé que completa

**Assim também a fé: se não se traduz em ações, por si só está morta.**

Tiago 2,17. ***Bíblia Sagrada***. 8. ed. Tradução da CNBB. Brasília: Edições CNBB; São Paulo: Editora Canção Nova, [s.d.]. p. 1491.

kali9/Getty Images

O nascimento de uma criança representa uma renovação da fé na vida e na humanidade.

Ter fé não é só crer em Deus. É também acreditar nas pessoas. Como no poema *Morte e vida severina*, que vamos citar, uma criança que nasce significa um sim em um mundo repleto de nãos, ou seja, uma esperança em um país injusto como o Brasil. Ou, como diz o escritor Guimarães Rosa, em cada criança que nasce, o mundo torna a começar.

Mas a fé em Deus é uma necessidade tão profunda que, na ausência dela, buscamos substitutos ou falsos deuses.

São esses assuntos que vamos estudar neste capítulo.

No poema *Morte e vida* **severina**, de João Cabral de Melo Neto, há uma passagem que expressa bem a confiança na vida, apesar dos sofrimentos que a ameaçam. O poema retrata as adversidades dos **retirantes** e a miséria das **palafitas** nos mangues do Recife. Em um trecho, um retirante e o mestre carpina (isto é, carpinteiro), habitantes do mangue, lamentam a vida que levam. O retirante pergunta ao outro se não é melhor se matar. Veja a seguir.

**Severino:** muito sofrido.

**Retirante:** sertanejo que foge do sertão durante a seca.

**Palafita:** habitação sobre as águas sustentada por estacas de madeira.

— Seu José, mestre carpina,
e que diferença faria
se em vez de continuar
tomasse a melhor saída:
a de saltar, numa noite,
fora da ponte e da vida?

No mesmo instante, uma mulher chega para avisar que acaba de nascer o filho do mestre carpina. A partir daí, explode o otimismo das pessoas em relação à vida, mesmo naquela miséria, mesmo naquela vida severina.

Depois os vizinhos vêm louvar aquele que "saltou para dentro da vida". Em seguida, eles emitem sua opinião sobre a sorte futura do menino.

— De sua formosura
já venho dizer:
é um menino magro,
de muito peso não é,
mas tem o peso de homem,
de obra de ventre de mulher.
[...]
— De sua formosura
deixai-me que diga:
é tão belo como um sim
numa sala negativa.

MELO NETO, João Cabral de. *Morte e vida severina*. Rio de Janeiro: José Olympio, 2012. (Fragmentos.)

Gerson Camarotti/G1

Cena do documentário *Morte e vida severina, 60 anos*, gravada na Zona da Mata, litoral do Nordeste brasileiro. Foto de 2015.

Guimarães Rosa comenta, em relação ao nascimento de uma criança: cada criança que nasce é um sim à vida e à esperança de um mundo melhor. Embora vivamos com violência crescente, essa realidade não nos deve tirar a esperança e a fé no futuro.

## A fé

De acordo com as religiões, a fé é um dom.de Deus a toda pessoa que vem a este mundo. Todos nascemos com predisposição a ter fé em Deus. É por isso que nunca houve um povo que não tenha tido alguma prática religiosa, alguma relação com uma divindade. Mesmo hoje, com tantos atrativos da tecnologia, as igrejas vivem cheias de fiéis.

Quando não encontramos Deus, somos tentados a substituí-lo por falsos deuses ou ídolos.

Bridgeman Images/Easypix Brasil/Igreja de Jesus, Roma, Itália

*O triunfo da fé sobre a idolatria*, do francês Jean-Baptiste Théodon (1646-1713), representa a importância para a Igreja católica de reforçar o valor da fé no Transcendente. A obra encontra-se na Igreja de Jesus, em Roma, Itália. (Escultura em mármore.)

### *Dom de Deus*

Ter fé é estar convicto de que só Deus é capaz de nos completar. É buscar em Deus a parte que nos falta. Sentir-se necessitado, incompleto, carente, acessível, aberto é condição indispensável para ter fé. Veja a história a seguir, presente na Bíblia.

Zaqueu era rico e desonesto. Melhor: rico porque desonesto. Era o chefe dos **publicanos**, coletores de impostos que costumavam cobrar mais do que o permitido.

**Publicano:** cobrador de impostos no tempo de Cristo.

Zaqueu já tinha ouvido falar de Jesus. Quando soube que ele ia passar perto de sua casa, juntou-se à multidão para vê-lo. Mas, como era de baixa estatura, correu à frente, subiu em uma árvore e lá ficou à espera de Jesus.

Quando Jesus chegou ao lugar, olhou para cima e disse:

— Zaqueu, desce depressa! Hoje eu devo ficar na tua casa.

Texto elaborado com base em: Lucas 19,1-10. *Bíblia Sagrada*. 8. ed. Tradução da CNBB. Brasília: Edições CNBB; São Paulo: Editora Canção Nova, [s.d.]. p. 1298.

Ele desceu mais que depressa e foi, com alegria, preparar-se para receber Jesus. Apesar de ser rico, Zaqueu não se sentia feliz, completo, realizado. Por isso, foi ao encontro de Jesus. Queria vê-lo porque precisava dele. E o recebeu com alegria.

Diz Jesus que quem não se faz simples, receptivo e dócil como as crianças não entra no reino de Deus. Zaqueu, apesar de adulto, rico e chefe dos publicanos, sujeitou-se a subir em uma árvore, feito criança, para ver Jesus passar. E depois o recebeu com alegria, tanto em casa quanto em seu coração.

Album/Oronoz/Fotoarena/Biblioteca da Catedral de Toledo, Espanha

Miniatura gótica representando o momento em que Jesus fala com Zaqueu, então em cima de uma árvore. *Zaqueu na árvore* ilustra uma Bíblia do século XIII que se encontra na Catedral de Toledo, Espanha.

A fé é um dom de Deus. Entretanto, é como uma semente, que só germina, cresce e dá frutos quando encontra terra boa.

### *Compromisso*

Quem tem fé manifesta-a em atos, manifesta-a de forma comprometida. Quem tem fé ama. Ama a Deus, a si mesmo e ao próximo.

A primeira resolução de Zaqueu diante de Jesus foi doar a metade de seus bens aos pobres e devolver, multiplicado por quatro, tudo aquilo que havia roubado dos outros. Zaqueu comprometeu-se com sua fé agindo de acordo com ela. A fé mudou a vida de Zaqueu.

## Para ler e pensar

### Jesus e a samaritana

Meio-dia. Cansado, com fome e sede, Jesus descansava junto a um poço. Os discípulos tinham ido à cidade comprar comida.

Uma mulher veio buscar água. Era samaritana. Ora, os samaritanos e os judeus não se davam. Não costumavam se falar. Desprezavam os samaritanos que, segundo eles, não praticavam a verdadeira religião. Mas Jesus, que era judeu, falou com a samaritana. Não só falou, como também lhe pediu água.

Ela, naturalmente, estranhou:

"Como é que tu, sendo judeu, pedes de beber a mim, que sou uma mulher samaritana?"

Jesus respondeu: "Se conhecesses o dom de Deus e quem é aquele que te diz: Dá-me de beber, tu lhe pedirias, e ele te daria água viva".

Ela não o entendeu, pois Jesus estava desprovido de qualquer objeto com que pudesse tirar água do poço. Ele continuou:

"[...] quem beber da água que eu darei, nunca mais terá sede [...]".

João 4,1-14.

André Valle/Arquivo da editora

O diálogo foi ficando cada vez mais revelador. E a samaritana acabou se convencendo de que aquele judeu cansado que lhe pedia água era o Messias que o povo esperava. E passou a seguir seus ensinamentos.

Ela jamais havia imaginado ser abordada por um judeu. Em primeiro lugar, porque era mulher. Os homens não falavam com as mulheres em público. Nem se fossem marido e mulher. Em segundo lugar, porque era samaritana. Nas escolas judaicas, ensinava-se que tudo aquilo em que um samaritano tocasse ficava impuro, incluindo um recipiente para tirar água do poço.

Além disso, ela devia ser malvista pelos próprios samaritanos, pois havia tido cinco maridos e o sexto, com quem vivia, não era legítimo.

A samaritana era, portanto, uma mulher pecadora, marginalizada e necessitada, como tantos pecadores que encontraram em Jesus o que lhes faltava para serem felizes.

# Atividades

## Pensando juntos

**1** **Em duplas, conversem sobre os temas abaixo e assinale verdadeiro (V) ou falso (F) conforme vocês avaliarem as afirmativas.**

( ) Para ter fé, é necessário criar um espaço dentro da gente.

( ) Quando a pessoa tem fé vai se sentir autossuficiente e dono da verdade.

( ) Tem espaço para acolher a fé a pessoa que se sente incompleta e com vontade de crescer.

( ) A fé se manifesta em atitudes. Sem obras, a fé é morta.

( ) A fé é um dom de Deus, mas só serve nos momentos em que precisamos de ajuda.

**2** **Com base no que você estudou no capítulo, redija abaixo o que significa ter fé.**

______________________________________________

______________________________________________

______________________________________________

______________________________________________

**3** **Descubra de quem é a frase, de acordo com as informações do texto. O mesmo personagem pode ter mais de uma frase.**

a) "Eu era rico e desonesto e não me sentia feliz. Procurei Jesus, disposto a preencher o vazio do meu coração." Quem sou? ______________________

b) "Eu era pecadora e marginalizada. Ouvi Jesus com sinceridade, de coração aberto, e mudei de vida." Quem sou? ______________________

c) "Procuro as pessoas e ajudo-as a preencher o vazio de seus corações." Quem sou? ______________________

d) "Decidi doar metade dos meus bens e devolver tudo o que roubei dos outros." Quem sou? ______________________

e) "Conversei com Jesus perto de um poço. Fiquei encantada e passei a seguir seus ensinamentos." Quem sou? ______________________

## Vamos refletir?

**4** **Observe a ilustração, leia os balões e depois responda.**

Biry Sarkis/Arquivo da editora

a) Qual das personagens tem mais condições de acolher a fé em sua vida? Explique sua resposta.

______________________________

b) Qual das personagens se parece com Zaqueu? Por quê?

______________________________

c) Em sua opinião, o que se deve fazer para desenvolver a semente da fé?

______________________________

## Trocando ideias

**5** **Converse com o professor e os colegas sobre estas questões e responda.**

a) Por que o mestre carpina e o retirante haviam perdido a fé na vida?

______________________________

______________________________

b) Que acontecimento lhes devolveu a confiança e o otimismo?

______________________________

______________________________

c) O que representa para a humanidade o nascimento de um bebê?

______________________________

d) Que presente cada pessoa recebe de Deus ao nascer?

______________________________

Capítulo 12

# Ver para crer?

[...] só se vê bem com o coração. O essencial é invisível aos olhos.

SAINT-EXUPÉRY, Antoine de.
*O Pequeno Príncipe*. 49. ed. Rio de Janeiro: Agir, 2015.

John Lund/Getty Images

O poder da fé ajuda o ser humano a superar obstáculos que parecem intransponíveis.

Para o ser humano contemporâneo, assediado todo dia por bens materiais, pensar a vida com os olhos da fé em Deus não é tarefa fácil, principalmente porque se trata de confiar incondicionalmente, sem provas sensíveis aos nossos sentidos.

No entanto, a Bíblia está recheada de exemplos de homens e mulheres que, mesmo sem ver com os olhos físicos, tiveram fé em Deus e superaram obstáculos considerados impossíveis.

Neste capítulo, vamos compreender as várias formas de manifestação da fé e como podemos fortalecê-la no nosso cotidiano.

Cremos em muitas coisas sem nunca tê-las visto. Cremos, por exemplo, que é a Terra que gira em torno do Sol, apesar de parecer o contrário. Cremos que o imperador romano Caio Júlio César foi assassinado. Cremos na evolução das espécies. Cremos que a vida primitiva surgiu na água. Cremos nos átomos com seus elétrons, prótons e nêutrons...

Os olhos não são os únicos meios de adquirir conhecimentos. Podemos conhecer também pelos outros sentidos e pela inteligência. Podemos saber das coisas ouvindo outras pessoas. Podemos aprender pelo coração. Como disse um sábio francês, Blaise Pascal: "O coração tem razões que a própria razão desconhece". A fé também não depende da visão. Não cremos porque vimos, cremos porque Deus se revelou em sua obra, nas Escrituras Sagradas e, sobretudo, em seu Filho, Jesus Cristo. Cremos porque Deus nos preparou para isso. Cremos porque Deus nos ama.

Biry Sarkis/Arquivo da editora

Na passagem bíblica a seguir, Jesus critica aqueles que só acreditam no que os olhos veem e exalta aqueles que creem sem ver.

Depois que Jesus foi crucificado, os apóstolos refugiaram-se num lugar, com medo dos chefes dos judeus.

No fim do dia em que ressuscitou, Jesus apareceu diante deles, dizendo:

"A paz esteja com vocês. [...]"

Os apóstolos ficaram espantados e cheios de medo. Não acreditavam que ali estivesse Jesus em pessoa.

"Por que estais preocupados, e por que tendes dúvidas no coração? Vede minhas mãos e meus pés: sou eu mesmo! [...]"

Tomé não estava com os outros discípulos no momento da aparição. Quando chegou, disseram-lhe:

"Nós vimos o Senhor!"

Mas Tomé disse: "Se eu não vir a marca dos pregos em suas mãos, se eu não puser o dedo nas marcas dos pregos, se eu não puser a mão no seu lado, não acreditarei".

Passados oito dias, os apóstolos encontraram-se no mesmo lugar. Desta vez, Tomé estava presente. Jesus apareceu de novo e falou:

"[...] Põe o teu dedo aqui e olha as minhas mãos. Estende a tua mão e coloca-a no meu lado e não sejas incrédulo, mas crê!"

Tomé, emocionado, exclamou:

"Meu Senhor e meu Deus!"

Jesus lhe disse: "Creste porque me viste? Bem-aventurados os que não viram, e creram!".

João 20,24-29 e Lucas 24,38-29. *Bíblia sagrada*. 8. ed. Tradução da CNBB. Brasília: Edições CNBB; São Paulo: Editora Canção Nova, [s.d.].

Cena bíblica representando a dúvida de Tomé diante de Jesus ressuscitado (João 20,24-29). A peça encontra-se na Catedral de Notre Dame, em Paris, França. (Painel em madeira, século XIV.)

Todd Strand/Alamy Stock Photo/Fotoarena/Catedral de Notre Dame, Paris, França

## Fé e reflexão

A fé religiosa não se fundamenta só na inteligência, mas principalmente na crença e na confiança de que existe um ser supremo. A fé num criador e nas verdades de uma religião não é uma certeza como dois mais dois são quatro. Mas isso não a torna inferior à inteligência. Ao contrário, a fé nos faz "ver" o que a inteligência não alcança.

O hábito de pensar é de suma importância para os que têm fé em Deus, pois ajuda a evitar os maus profetas, como o próprio Jesus advertiu:

> "Cuidado com os falsos profetas: eles vêm até vós vestidos de ovelha, mas por dentro são lobos ferozes."

Mateus 7,15. *Bíblia sagrada*. 8. ed. Tradução da CNBB. Brasília: Edições CNBB; São Paulo: Editora Canção Nova, [s.d.]. p. 1209.

Biry Sarkis/Arquivo da editora

O exercício da reflexão nos garante a fé consciente, madura, sem influência de pregadores desonestos que, por exemplo, exploram as pessoas de pouca instrução. Pode nos ajudar a admirar a grandeza e a organização do universo, a harmonia das leis da natureza, o mistério da vida e da morte, proporcionando assim a abertura necessária para aceitar um criador supremo e, principalmente, um Deus de amor.

## Para ler e pensar

### A fé do centurião

Quando Jesus entrou em Cafarnaum [cidade às margens do Mar da Galileia], um centurião [oficial romano encarregado de cem soldados] aproximou-se dele, suplicando:

"Senhor, o meu criado está de cama, lá em casa, paralisado e sofrendo demais".

Ele respondeu:

"Vou curá-lo".

O centurião disse:

"Senhor, eu não sou digno de que entres em minha casa. Dize uma só palavra e o meu criado ficará curado. Pois eu, mesmo sendo subalterno, tenho soldados sob as minhas ordens; e se ordeno a um: 'Vai!', ele vai, e a outro: 'Vem!', ele vem; e se digo ao meu escravo: 'Faze isto!', ele faz".

Ao ouvir isso, Jesus ficou admirado e disse aos que o estavam seguindo:

"Em verdade, vos digo: em ninguém em Israel encontrei tanta fé. [...]"

Então, Jesus disse ao centurião:

"Vai! Conforme acreditaste te seja feito".

E naquela mesma hora, o criado ficou curado.

Mateus 8,5-13. *Bíblia Sagrada*. 8. ed. Tradução da CNBB. Brasília: Edições CNBB; São Paulo: Editora Canção Nova, [s.d.]. p. 1210.

Brad Ingram/John Paul II Catholic High School, Corpus Christi, Texas.

A cena do centurião romano que pediu ajuda a Jesus para curar seu servo, como conta o Evangelho de Mateus (8,5-13), imortalizou-se no monumento *Jesus e o Centurião*, no Texas, Estados Unidos.

# Atividades

## Vamos refletir?

**1 Leia, reflita e responda ao que se pede.**

Um célebre químico pronunciou, certa vez, o nome de Deus durante uma aula. Um de seus discípulos, então, perguntou:

— Mestre, acreditas em Deus? Já o viste?

Ao que o sábio respondeu:

— Já, meu amigo! Vi-o em suas obras: vi sua grandeza no rápido movimento dos astros; vi sua inteligência na ordem do Universo; vi sua bondade nos admiráveis benefícios que me dispensou. E tu, jovem, não conseguiste ver nada disso?

Texto elaborado com base em: TAHAN, Malba. *Lendas do céu e da terra*. Rio de Janeiro: Record, 1987. p. 47.

a) Em sua opinião, qual dos personagens demonstrou ter fé? Por quê?

______________________________________________

______________________________________________

b) Imagine Jesus falando com eles. O que diria a cada um? Marque **S** no que Jesus diria ao sábio e **J** no que diria ao jovem.

( ) Tenha fé em Deus. (Mc 11,22)

( ) Grande é a tua fé! (Mt 15,28)

( ) Felizes os que creem sem ver. (Jo 20, 29)

( ) Onde está a tua fé? (Lc 8, 25)

( ) Nem mesmo em Israel vi tanta fé. (Lc 7,9)

## Pensando juntos

**2 Em dupla, assinalem as alternativas que podem completar corretamente a frase.**

- **O episódio de Tomé nos ensina que...**

( ) para crer em Jesus, não é preciso vê-lo fisicamente.

( ) é necessário exigir uma experiência particular para crer.

( ) o testemunho dos que creem é mais importante que a visão física.

( ) há muitas pessoas incrédulas exigindo provas.

( ) acreditar em Deus sem vê-lo é ingenuidade.

( ) são felizes aqueles que creem sem ver.

3 Com um colega, marquem verdadeiro (V) ou falso (F) conforme a avaliação de vocês em relação às afirmativas abaixo.

( ) A fé compreende o que é invisível.

( ) Quem tem fé nunca está sozinho.

( ) A fé é uma invenção dos seres humanos, não de Deus.

( ) Só é possível ter fé quando se presencia um milagre.

( ) A fé por si só não traz benefício algum; só serve para enganar os simplórios.

4 "O essencial é invisível aos olhos", disse Saint-Exupéry no livro *O Pequeno Príncipe*. Em dupla com um colega, façam uma lista de coisas invisíveis. Depois analisem se elas são essenciais ou não.

## Trocando ideias

5 Converse com o professor e os colegas sobre as histórias de Tomé e do centurião e depois responda.

- Quais semelhanças e diferenças podemos constatar entre as histórias?

## Saiba mais

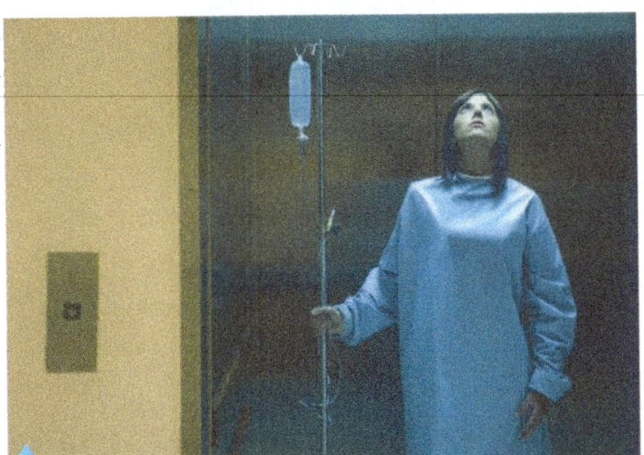

Matthieu Spohn/Getty Images

A fé pode promover até a autocura.

### *A ciência da fé:* revista *Superinteressante*, reportagem de outubro de 2016.

A reportagem divulga estudos indicando que fiéis são mais felizes, vivem mais e são mais agradáveis. Contudo, é possível reproduzir esses efeitos em ateus e pessoas sem religião. Disponível em: <https://tinyurl.com/yax5e5n6>. Acesso em: 6 jun. 2017.

# Hinduísmo (I)

O hinduísmo não tem um fundador, como o cristianismo e o islamismo. Ele foi se formando a partir da invasão dos arianos na Índia, precisamente no vale dos rios Indo e Ganges, mais ou menos em 1500 a.C.

Os arianos eram um povo conquistador, provenientes há milhares de anos do sul da atual Rússia. Deram origem aos povos indo-europeus. Antes de chegar à Índia, eles tinham tido contato com várias religiões, como a grega, a romana e a germânica. O hinduísmo formou-se da mistura das religiões locais com as trazidas pelos invasores.

O hinduísmo também não tem uma direção geral, como o catolicismo. É uma religião muito aberta em relação à prática. Na verdade, nele coexistem muitas crenças ou seitas. Só há quatro pontos básicos comuns a todas as tendências: **as castas, o *samsara*, o carma** e **os rios sagrados**.

Jayakumar/Shutterstock

Vista parcial do topo do templo hindu de Kapaleeshwarar, em Chennai, Índia. Construído no século VII, o templo é dedicado a Shiva, deus da renovação.

A Índia tem mais de um bilhão de habitantes. Quem nasce na Índia é indiano e quem segue o hinduísmo é hindu. Aproximadamente 80% dos indianos são hindus. Em outros países, vivem mais de 30 milhões de indianos, cuja maioria é hindu.

Os adjetivos indiano e hindu derivam do rio Indo, considerado sagrado. Os dois principais rios sagrados da Índia são o Indo e o Ganges. Os hindus banham-se neles para se purificarem.

## As castas

Quase todas as sociedades antigas e atuais são divididas em classes. No Brasil, por exemplo, existem três classes principais: a alta, a média e a baixa. As classes procedem da organização política e econômica do país. Mas no hinduísmo as classes, denominadas castas, têm origem religiosa. Foram criadas pelo deus Brahma. Cada casta procede de uma parte do corpo dele.

As principais castas, das muitas existentes, são quatro:

**1ª**: dos brâmanes ou sacerdotes. São considerados os mais puros. Eles se dedicam ao estudo dos livros sagrados, aos cultos e festividades. Eles nascem da boca de Brahma.

**2ª**: dos guerreiros, governantes e nobres. Nascem dos braços de Brahma.

**3ª**: dos comerciantes, artesãos e agricultores. Nascem da coxa de Brahma.

**4ª**: dos trabalhadores em geral. Eles prestam serviços às outras classes. Nascem dos pés de Brahma.

hideto999/Shutterstock

Representação tailandesa de Brahma, considerado o deus da criação pelos hindus. A estátua dourada de quatro faces fica no santuário de Erawan, em Bangcoc, Tailândia.

Abaixo de todas as classes estão os "intocáveis", que atualmente são chamados de *dalits* ou "oprimidos". Eles não procedem de nenhuma parte do corpo de Brahma. São considerados impuros.

Em geral, não há migração de uma classe inferior para uma superior. As castas não se misturam.

A Constituição Federal da Índia de 1947 aboliu o sistema rígido de castas. Mas elas existem há milhares de anos e têm fundo religioso. Por isso, as castas subsistem, embora com menos rigidez, principalmente nas pequenas localidades.

## *Samsara*

*Samsara* é o nome que se dá ao ciclo nascer/morrer/renascer ou reencarnar. Os hindus acreditam que, depois da morte, a alma renasce numa nova criatura vivente. Pode reencarnar-se numa casta mais alta ou mais baixa. Pode até renascer num corpo de animal. Tudo depende de como viveu na vida anterior.

Esse ciclo, nascer/morrer/renascer, pode levar centenas de anos. Esse tempo depende do carma, que é uma espécie de arquivo de tudo o que a pessoa fez de bem e de mal durante a vida. O carma registra pensamentos, palavras, sentimentos e ações. Portanto, a vida presente de uma pessoa é consequência de seu carma da vida anterior.

O *samsara* só termina quando a pessoa consegue zerar o carma ruim por meio de boas obras. Alcança então o *moksha* (a salvação). O hinduísmo indica vários caminhos para ajudar os fiéis a se libertarem dos maus carmas.

## As vacas sagradas

Toda espécie de animal é respeitada pelos hindus. Por isso, a maioria deles é vegetariana. Além disso, alguns animais são considerados sagrados, principalmente a vaca, que é o símbolo da Mãe Terra, da fertilidade. É, portanto, proibido matá-la.

## Atividades

**1** **Selecione a alternativa que completa corretamente cada frase.**

a) Nome de uma religião que se formou a partir de um conjunto de tradições de busca espiritual:

( ) hinduísmo.

( ) judaísmo.

( ) budismo.

b) Essa religião (acima) não possui especificamente um:

( ) deus.

( ) fundador.

( ) templo.

c) O hinduísmo formou-se da mistura de religiões, a partir da invasão dos arianos:

( ) no Brasil.

( ) na Itália.

( ) na Índia.

**2** **Responda ao que se pede, considerando o que aprendeu.**

a) Qual é a religião da maioria dos indianos?

_______________________________________________

b) Explique quais são as principais castas no hinduísmo.

_______________________________________________

_______________________________________________

_______________________________________________

_______________________________________________

c) Faça uma pesquisa com um colega em livros, revistas e na internet sobre a casta dos "intocáveis", também chamados de *dalits*. Depois, redijam um pequeno resumo sobre suas conclusões e compartilhem com a classe.

_______________________________________________

_______________________________________________

_______________________________________________

_______________________________________________

**3 Em dupla, façam o que se pede consultando o texto.**

a) Comparem o sistema de castas no hinduísmo com as classes sociais brasileiras.

b) Qual é a posição do atual governo indiano em relação à rigidez das castas?

c) Expliquem o que é o *samsara*.

d) Comentem o que é o carma, no hinduísmo.

e) Por que, segundo a crença na tradição hindu, a pessoa renasce ou se reencarna várias vezes após a morte, como parte de um ciclo?

**4 Converse com o professor e os colegas e depois responda.**

a) O que representam os rios Indo e Ganges para os hindus?

b) Por que os hindus, em sua maioria, são vegetarianos?

c) Comente o tipo de consideração que os indianos têm pela vaca.

UNIDADE 5

# A oração como deve ser



Amor, orações e flores são verdadeiros bálsamos nas horas difíceis. Oxalá todos os doentes tivessem esses confortos.

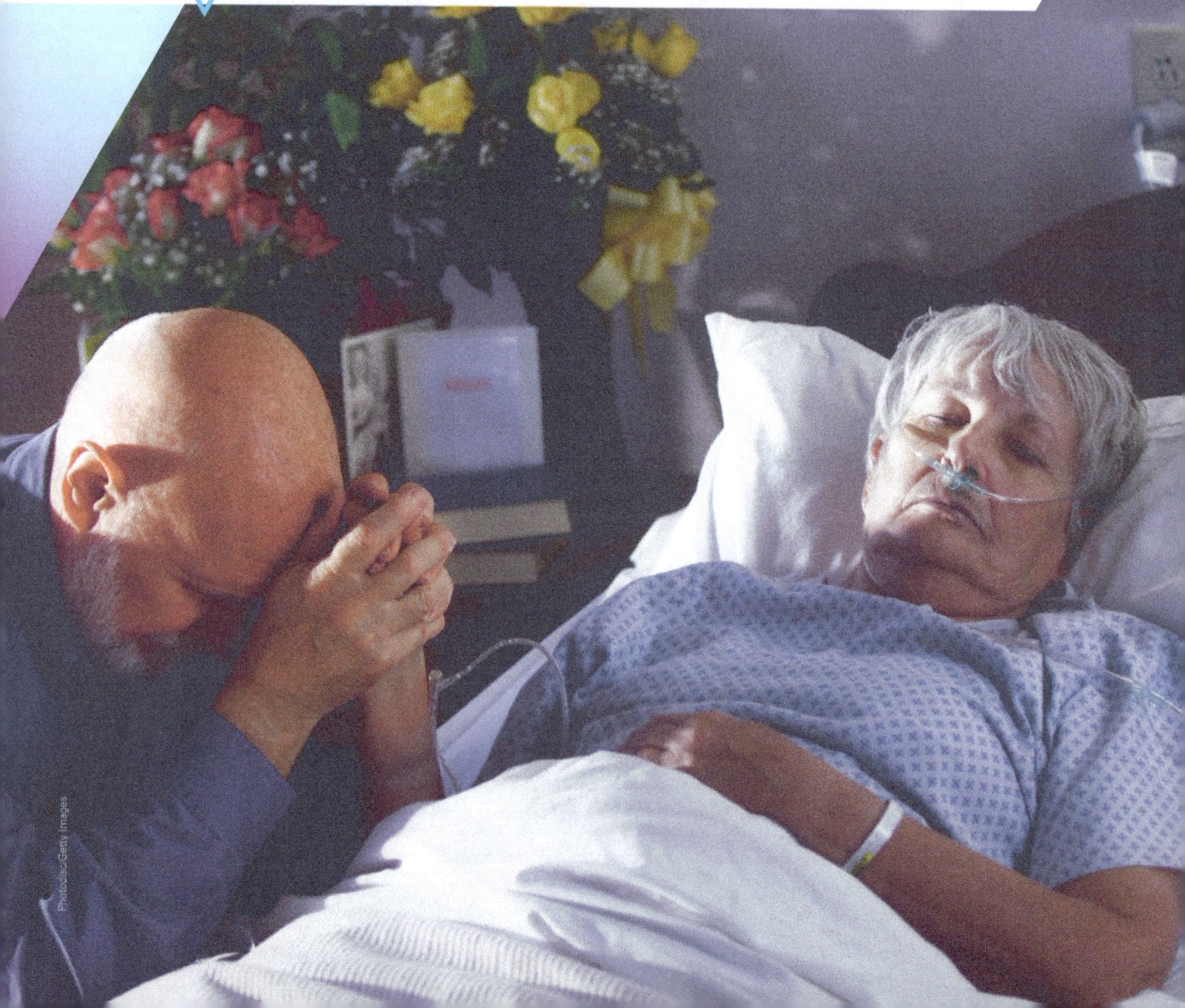

Photodisc/Getty Images

Como ato religioso, a oração busca estabelecer uma ligação com o Transcendente ou divino. Na foto, um jovem em oração.

1. Analise e explique: uma das melhores orações é aquela que fazemos para nos tornar mais responsáveis.
2. Nos acidentes de carro ou de avião, às vezes só se salvam uma ou algumas pessoas. Nesse caso, é comum dizerem que foi um milagre de Deus. Você concorda?

Capítulo 13

# Oração, conversa com o Pai

As pessoas rezam nas suas aflições e necessidades, pois que orem também na plenitude da alegria e nos dias de abundância, pois a oração é a expansão do ser para o Universo.

Texto elaborado com base em: GIBRAN, Khalil. ***O profeta***. Rio de Janeiro: Associação Cultural Internacional Gibran, 1980. p. 47.

Christie's Images/Bridgeman Images/Easypix Brasil/Coleção particular

Cada um de nós tem seus meios de entrar em contato com o divino. *Não há outro deus além de Alá*, 1875, do alemão Carl Haag. (Lápis, aquarela e goma-arábica sobre papel, 46,4 cm × 89,6 cm.)

Rezar ou orar é antes de tudo um ato de fé. Só ora quem acredita que existe um ser superior que ouve sua oração. Faz bem saber que alguém está sempre disposto a ouvir o que aconteceu de bom e ruim com a gente, principalmente se o consideramos nosso pai.

Neste capítulo, vamos estudar vários aspectos da oração.

O que é orar? É comunicar-se com uma divindade. É conversar com ela em voz alta ou em silêncio, sozinho ou em comunidade. É por meio da prece que podemos expressar nossos sentimentos mais profundos e explicar a Deus nossas verdadeiras necessidades.

Pode-se rezar utilizando textos conhecidos, como o pai-nosso, ou nossas próprias palavras, com a espontaneidade e a intimidade de um filho que fala com seus pais.

Pode-se orar formalmente nas cerimônias litúrgicas (missas e cultos, por exemplo) ou descontraidamente em casa, à mesa, ao deitar-se, ao acordar, no ônibus, andando na rua, no trabalho, no lazer.

Por ser um ato do coração, a prece não tem uma fórmula específica, não precisa de local obrigatório ou palavras decoradas, mas deve ser sincera, feita na condição de filho(a) que busca a proteção e o aconselhamento do Pai.

"Pedi e vos será dado; buscai e achareis; batei e vos abrireis", disse Jesus no evangelho de Mateus 7,7. Essa fala de Jesus nos alerta de que precisamos dizer à Providência divina o que queremos. E, conforme nosso merecimento, seremos atendidos.

*Reza-se na alegria e na tristeza,*
*reza-se de dia e de noite,*
*no inverno e no verão.*

*Reza-se para pedir,*
*para agradecer,*
*para louvar.*

Biry Sarkis/Arquivo da editora

Deus é a fonte da realização pessoal. Só Ele é capaz de saciar nossa sede de felicidade. Mas Ele não derrama a água em nossa boca. Precisamos ir até Ele e pedir a água viva, como fez a samaritana pecadora (João 4,1-42).

A pacifista britânica Maired Maguire, ganhadora do Nobel da Paz de 1976, traduziu bem o significado da prece no poema a seguir.

André Valle/Arquivo da editora

**Reserve um tempo**

Reserve tempo para ouvir os pássaros, as ondas, o vento.

Reserve tempo para inspirar o ar, a terra, o oceano.

Reserve um tempo para ficar imóvel, em silêncio,

e permitir que Deus o encha de funda paz e amor.

MAGUIRE, Mairead. In: ROBERTS, Elizabeth; AMIDON, Elias (Org.). *Orações para mil anos*. São Paulo: Cultrix, 2012. p. 85.

## *Abba*, o pai universal

Os filhos costumam chamar o pai de *papai*. Jesus também chamava Deus de *papai*. Na língua aramaica, *ab* significa "pai" e *abba*, "papai".

Nós também somos filhos de Deus. Como diz Paulo (Romanos 8,17), se somos filhos de Deus, somos também herdeiros de Deus e coerdeiros de Jesus. Portanto, também podemos chamar Deus de *abba*, papai.

Jesus falava muitas vezes com o Pai. Certo dia, um dos discípulos pediu-lhe que os ensinasse a rezar. Jesus respondeu:

Quando vocês rezarem, digam:

**Pai nosso, que estais no céu...**

Deus é Pai, mas também pode ser mãe, esperança... Em nossas orações, Ele toma o nome, a forma de nosso desejo mais íntimo, de nossa necessidade mais profunda.

### Deus, nome dos nossos desejos...

Meu Deus:

Que belos e infinitos são os teus nomes!

Tu és sempre chamado pelo nome do nosso desejo mais intenso...

As plantas, se pudessem orar, te invocariam nas imagens das suas flores mais belas e diriam que tens o mais delicado dos perfumes...

Para as borboletas tu serias uma borboleta, a mais bela de todas, as cores mais brilhantes, e o teu universo seria um jardim...

Os que estão com frio te chamam de Sol...

Os que moram em desertos dizem que o teu nome é Fonte-de-Águas-Frescas...

Os órfãos dizem que tens o rosto de uma Mãe, e os pobres te invocam como Pão e Esperança...

Deus, nome dos nossos desejos...

Sonho.

Poema.

Teu nome é único para cada pessoa, porque dentro de cada uma mora um segredo. Um mistério.

Tantos são os teus nomes quantas são as esperanças e os desejos...

ALVES, Rubem. *Pai-nosso:* meditações. São Paulo: Paulinas, 2009. p. 44.

## Para ler e pensar

### Em silêncio, só olhando

Antônio estava mergulhado no trabalho. Havia passado boa parte do dia no seu escritório de casa, perdido entre documentos, disquetes, pastas e planilhas. Já nervoso por ter ainda muito trabalho para concluir, ouviu umas batidinhas na porta e a voz de seu filhinho de 5 anos pedindo para entrar.

— Que você quer? — perguntou o pai, nada amistosamente, quando o filho abriu a porta.

— Nada, não, pai — disse o menino abraçando as pernas do pai, o que o deixou sem graça. — Como você está sozinho há tanto tempo, eu vim pra ficar juntinho de você.

E, sem dizer mais nada, sentou-se em uma cadeira, onde permaneceu em silêncio, feliz por estar ao lado do pai observando-o trabalhar.

Como Deus se alegraria se fôssemos simples assim, buscando-o, não para pedir-lhe bênçãos ou soluções para nossos problemas, mas simplesmente para estar a seu lado, tão somente por desejar desfrutar sua companhia. Essa é uma experiência espiritual profunda que todos devemos almejar: buscar o Senhor não pelo que faz, mas pelo que é.

EM SILÊNCIO, só olhando. *Jornal Árvore da Vida*, Brasília, ano 8, n. 74, p. 3, 1999.

André Valle/Arquivo da editora

# Atividades

## Vamos refletir?

**1** Assinale as opções que podem completar corretamente o significado de rezar.

- Rezar é...

( ) alimentar a vida.

( ) conversar com Deus.

( ) criticar os outros.

( ) expressar a fé.

( ) lembrar-se dos irmãos.

( ) fugir dos problemas.

**2** Assinale verdadeiro (V) ou falso (F), conforme sua avaliação das questões abaixo.

( ) Transformamos nossas atividades diárias em um tipo de oração ao fazê-las com boa vontade, invocando a bênção de Deus e oferecendo-as ao Senhor como louvor.

( ) Uma prece bem feita necessariamente precisa ser em grupo.

( ) A Bíblia exige que rezemos todos os dias.

( ) Se houver sinceridade, Deus aceitará todas as formas de prece.

**3** Preencha o diagrama e a frase a seguir com as mesmas palavras e descubra o sentido maior do ato de orar.

André Valle/Arquivo da editora

A ( 1 ) ______________ não se limita a ( 2 ) ______________ e ( 3 ) ______________. Ela abrange todos os ( 4 ) ______________ da nossa ( 5 ) ______________, em qualquer ( 6 ) ______________ em que estejamos.

## Pensando juntos

**4** **Há diversas maneiras, lugares, momentos e motivos para orar. Pensem nisso e citem alguns exemplos em cada categoria.**

a) Maneiras de rezar

______________________________

______________________________

b) Lugares para rezar

______________________________

______________________________

c) Momentos para rezar

______________________________

______________________________

d) Motivos para orar

______________________________

______________________________

**5** **Converse com seu colega e juntos respondam às questões abaixo.**

a) O que é a oração?

______________________________

______________________________

b) É necessário estar em um local específico ou em comunidade para orar?

______________________________

______________________________

c) Qual é a relação entre fé e prece?

______________________________

______________________________

Capítulo 14

# A boa oração

**Se em minha vida não ajo como filho de Deus, será inútil dizer: PAI NOSSO.**

DARROS, Heitor Benito. ***O maior tesouro do mundo***. Joinville: Clube dos Autores, 2006.

Agnew's/Bridgeman Images/Easypix Brasil/Coleção particular

Um dos momentos mais difíceis para Jesus se deu no jardim de Getsêmani, em Jerusalém, quando suou sangue durante sua oração ao Pai, pouco antes de sua prisão. *A agonia do jardim*, século XVII, do alemão Jan Boeckhorst. (Óleo sobre cobre, 44,5 cm × 44,5 cm.)

No cristianismo, como em várias outras religiões, a boa oração exige alguns comportamentos, seja ela formal, como o pai-nosso, seja uma conversa de filho com o Pai. Ela supõe fé, perdão, autenticidade e perseverança.

É o que vamos ver neste capítulo.

## Condições da boa oração

### *Fé*

Jesus falou muitas vezes da importância da fé. Ora censurava a falta de fé, ora elogiava a fé das pessoas que dele se aproximavam.

Às vezes, empregava uma imagem forte para mostrar o poder da fé, como no trecho abaixo, do Evangelho de Mateus.

> [...] se tiverdes fé do tamanho de um grão de mostarda, direis a esta montanha: 'Vai daqui para lá', e ela irá. Nada vos será impossível.
>
> Mateus 17,20. *Bíblia Sagrada*. 8. ed. Tradução da CNBB. Brasília: Edições CNBB; São Paulo: Editora Canção Nova, [s.d.]. p. 1223.

Macrovector/Shutterstock

### *Perdão*

Quem quer ser amigo de Deus deve viver em harmonia com os outros. No Evangelho de Mateus (6,14-15), consta que aquele que não perdoa seus ofensores também não recebe o perdão de Deus, por mais que peça.

Deus também não aceita uma oferta daqueles que ofendem o próximo e não se reconciliam com ele.

> Portanto, quando estiveres levando a tua oferenda ao altar e ali te lembrares que teu irmão tem algo contra ti, deixa a tua oferenda diante do altar e vai primeiro reconciliar-te com teu irmão. Só então, vai apresentar a tua oferenda.
>
> Mateus 5,23-24. *Bíblia Sagrada*. 8. ed. Tradução da CNBB. Brasília: Edições CNBB; São Paulo: Editora Canção Nova, [s.d.]. p. 1206.

Macrovector/Shutterstock

### *Autenticidade*

O que é ser autêntico? É ser verdadeiro, sincero, é saber reconhecer suas qualidades e seus defeitos. Jesus apreciava muito a autenticidade das pessoas.

Também criticou asperamente a falta de autenticidade dos fingidos, hipócritas, cheios de si, orgulhosos. Esses dois tipos de pessoa são retratados na parábola do fariseu e do publicano.

Willian Leite/Acervo do cartunista

Não é fácil reconhecer os próprios erros.

### *Publicanos e fariseus*

Os publicanos e os fariseus aparecem muitas vezes nos Evangelhos.

Os publicanos eram cobradores de impostos. O povo não gostava deles, pois costumavam cobrar mais do que deveriam. Mas vários publicanos aderiram à doutrina de Jesus. O mais famoso deles foi Mateus, que se tornou apóstolo e escreveu o primeiro Evangelho. Zaqueu foi outro publicano que se converteu.

Os fariseus eram judeus conhecidos por sua rigorosa obediência aos mandamentos de Deus. Constituíam um grupo interno do judaísmo. Eram leigos (não sacerdotes). Estudavam muito as Escrituras e as explicavam ao povo, que em geral os admirava. Vários gostavam de Jesus, até o convidavam para participar de suas refeições. O apóstolo Paulo fora fariseu e tinha orgulho disso.

Mas, por causa de alguns fariseus, eles acabaram levando a fama de maus judeus e inimigos de Jesus.

### Parábola do fariseu e do publicano

Dois homens foram rezar no templo. Um era fariseu, o outro era publicano. O fariseu, em pé, rezava no seu íntimo:

"Ó Deus, eu te agradeço por não ser ladrão, injusto e adúltero como os outros homens; muito menos como este desprezível cobrador de impostos aí atrás. Jejuo duas vezes por semana e até te dou o dízimo de tudo o que ganho."

O publicano, no fundo do templo, nem levantava os olhos para o céu. Cabeça baixa, rezava:

"Meu Deus, tenha piedade de mim, pois sou pecador! Perdoe meus pecados!"

Jesus concluiu a parábola: foi o publicano, e não o fariseu, quem voltou para casa em paz com Deus.

Texto elaborado com base em: Lucas 18,9-14. *Bíblia Sagrada*. 8. ed. Tradução da CNBB. Brasília: Edições CNBB; São Paulo: Editora Canção Nova, [s.d.]. p. 1297.

#### *Perseverança*

É preciso que sejamos firmes e constantes em nossas atitudes. Muitos desanimam diante das dificuldades ou quando não conseguem obter resultados imediatos com a prece.

Você é perseverante?

A parábola do juiz injusto (Lucas 18,1-8) nos ensina que a oração deve ser insistente, perseverante. Leia essa parábola na página seguinte.

André Valle/Arquivo da editora

## Parábola do juiz injusto

Havia uma vez um juiz que era um homem mau. Ele não fazia justiça para as pessoas pobres quando dava a sentença no tribunal. Os ricos sempre ganhavam suas causas, porque entregavam dinheiro por fora ao ambicioso juiz.

Fotos: Peter Hutley/Wintershall/FreeBibleimages.org

Uma pobre viúva foi a seu tribunal. Ela estava sendo enganada por um homem rico. Mas não tinha dinheiro para dar ao juiz. Por isso, estava desesperada.

Mas a viúva era muito decidida. Estava convencida de que sua única esperança de conseguir justiça era ser persistente, continuando a pedir ao injusto juiz que lhe fizesse justiça. Todas as manhãs, lá estava ela no tribunal. Todas as tardes, ela estava do lado de fora da casa do juiz. Não desistia de dizer em altas vozes: "Faça-me justiça! Este homem está me explorando!". Ela não dava sossego ao juiz, nem de dia, nem de noite.

Fotos: Peter Hutley/Wintershall/FreeBibleimages.org

O juiz não pôde mais suportar. Ele pensou: "Não temo nem a Deus nem aos homens, muito menos às viúvas! Mas esta agora é demais. Não tenho um momento de descanso. Só existe um modo de fazer que ela deixe de me aborrecer; é dar-lhe o que ela quer".

O próprio Jesus mostrou o que esta parábola queria dizer. Se uma pobre viúva alcançou justiça, importunando o juiz de coração duro, muito mais Deus estará disposto e pronto para ouvir os pobres e necessitados, quando eles lhe pedirem alguma coisa! Porque ele é o Pai celeste, bom, gentil e amoroso, sempre pronto para ouvir seus filhos e para dar-lhes o que eles pedem em suas orações.

BULL, Norman J. *Histórias de Jesus e seus amigos*. São Paulo: Paulinas, 1991. p. 74-75.

Photoquest/Dreamstime/Glow Images

# Para ler e pensar

## Pai-nosso

Se em minha vida não ajo como filho de Deus,
fechando meu coração ao amor,
será inútil dizer:
PAI NOSSO.

Se os meus valores são representados
pelos bens da Terra,
será inútil dizer:
QUE ESTAIS NO CÉU.

André Valle/Arquivo da editora

Se penso apenas em ser cristão por medo,
superstição e comodismo,
será inútil dizer:
SANTIFICADO SEJA O VOSSO NOME.

Se acho tão sedutora a vida aqui,
cheia de supérfluos e futilidades,
será inútil dizer:
VENHA A NÓS O VOSSO REINO.

Se no fundo o que eu quero mesmo é que
todos os meus desejos se realizem,
será inútil dizer:
SEJA FEITA A VOSSA VONTADE,
ASSIM NA TERRA COMO NO CÉU.

Se prefiro acumular riquezas,
desprezando meus irmãos que
passam fome,
será inútil dizer:
O PÃO NOSSO DE CADA DIA NOS DAI HOJE.

Se não me importo em ferir, injustiçar,
oprimir e magoar aos que atravessam
o meu caminho,
será inútil dizer:
PERDOAI AS NOSSAS OFENSAS,
ASSIM COMO NÓS PERDOAMOS
A QUEM NOS TEM OFENDIDO.

Se escolho sempre o caminho mais fácil,
que nem sempre é o caminho do Cristo,
será inútil dizer:
E NÃO NOS DEIXEIS CAIR EM TENTAÇÃO.

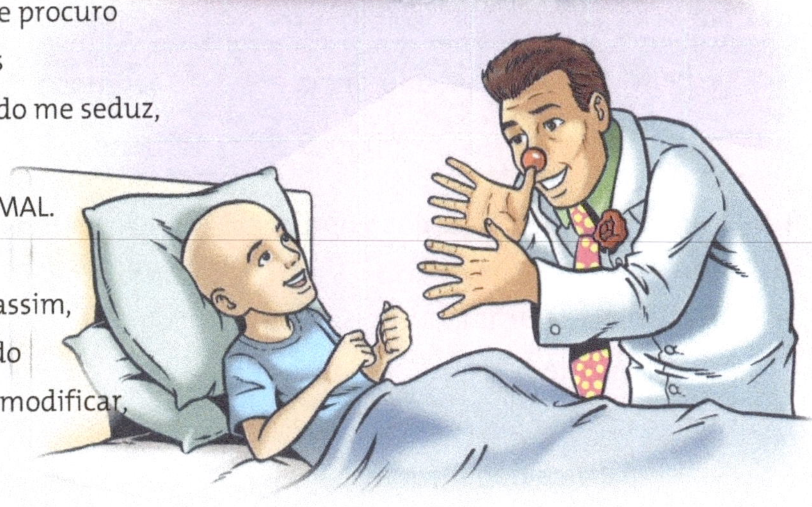

Se por minha vontade procuro
os prazeres materiais
e tudo o que é proibido me seduz,
será inútil dizer:
MAS LIVRAI-NOS DO MAL.

Se sabendo que sou assim,
continuo me omitindo
e nada faço para me modificar,
será inútil dizer:
AMÉM.

André Valle/Arquivo da editora

DARROS, Heitor Benito. *O maior tesouro do mundo.* Joinville: Clube dos Autores, 2006. p. 40-41. *E-book.*

# Atividades

## Vamos refletir?

**1** **Escreva as quatro letras que faltam no diagrama e descubra o nome de uma das mais sublimes atitudes do ser humano.**

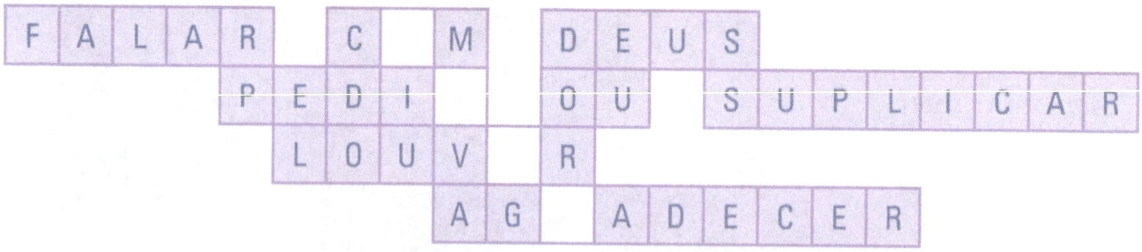


- **Agora complete as frases abaixo.**

  a) Isso é ________________, ou seja: rezar, falar com ________________.

  b) A ________________ nos aproxima de Deus , que é nosso pai e fonte de nossa ________________.

  c) Como filhos de ________________, podemos rezar dizendo ________________, como Jesus nos ensinou.

**2** **Sublinhe abaixo as palavras que podem completar corretamente a frase.**

- **Harmonia com os outros significa...**

| | | | |
|---|---|---|---|
| a) compreensão | perdão | partilha | egoísmo |
| b) paz | isolamento | amor | diálogo |
| c) respeito | tolerância | acomodação | raiva |
| d) traição | confiança | bondade | discussão |

**3** **A boa oração requer algumas condições. Avalie os itens abaixo e assinale os corretos.**

( ) Local limpo e iluminado.

( ) Autenticidade.

( ) Fé.

( ) Estar em dificuldades financeiras.

( ) Perseverança.

( ) Perdão.

4 **De acordo com o que você aprendeu no capítulo, responda ao que se pede.**

a) Jesus comparou a fé com um pequenino grão de mostarda. Por quê?

______

______

______

b) A oração do publicano é um exemplo de autenticidade. Por quê?

______

c) Na parábola do juiz injusto Jesus ensina que devemos ter perseverança na oração. Por quê?

______

d) Uma condição para orar com amor é o perdão. Por quê?

______

## Trocando ideias

5 **Converse com o professor e os colegas e responda abaixo.**

a) Por que Jesus concluiu que foi o publicano, e não o fariseu, quem voltou para casa em paz com Deus?

______

______

b) Vários publicanos aceitaram os ensinamentos de Jesus. Quais foram os mais famosos?

______

______

c) Em que situações nos assemelhamos aos fariseus?

______

______

## Ideias em ação

6 **Em pequenos grupos e com criatividade, preparem uma apresentação teatral do texto da seção *Para ler e pensar*, *Pai-nosso* (da página 128).**

Capítulo 15

# Oração e compromisso

**Será que posso rezar o pai-nosso e dizer que amo a Deus, quando fecho as mãos e o coração a seus filhos e [suas] filhas?**

ALMEIDA, D. Luciano Mendes de. Pai Nosso. ***Folha de S.Paulo***, São Paulo, 18 jan. 1999. Disponível em: <www1.folha.uol.com.br/fsp/opiniao/fz16019905.htm>. Acesso em: 17 mar. 2017.

Tomsickova Tatyana/Shutterstock

"Senhor Deus, peço para ganhar uma bicicleta no meu aniversário."

Como já vimos, a oração boa supõe fé, perseverança, autenticidade e outras atitudes. O "pedi e recebeis" de Cristo não significa que vamos pedir a Deus coisas supérfluas, inúteis.

A oração supõe compromisso com os ensinamentos cristãos. As injustiças do Brasil e do mundo, as obras dos seres humanos que não amam o próximo como a si mesmos.

Tudo isso você vai estudar a seguir.

Muitos interpretam mal o "pedi e recebereis" (Mateus 7,7) e passam a pedir tudo o que desejam, inclusive coisas fúteis. Pedem a Deus para:

> encontrar coisas perdidas;
> que os pais não descubram uma mentira;
> ganhar na loteria;
> chover;
> não chover;
> que seu time ganhe;
> que o professor falte para não ter aula...

Enfim, Deus foi transformado em um "superquebra-galhos".

É verdade que Jesus nos mandou pedir com insistência; é verdade que precisamos da graça de Deus para ser mais perfeitos; é verdade que a fé pode fazer maravilhas; é verdade que o milagre está sempre na possibilidade divina. Mas não podemos nos esquecer de que Deus nos fez livres e, portanto, responsáveis. Somos nós os responsáveis pelo que acontece na sociedade.

Napoleonka/Shutterstock

Quando adulto, todo ser vivo tem condições de buscar o próprio alimento. As gaivotas, por exemplo, caçam peixes nas regiões litorâneas.

Se há tantas injustiças e males no mundo, compete a nós perceber como podemos contribuir para resolvê-los com a graça de Deus, que nunca nos falta.

Se há tantas desgraças no trânsito, não é porque Deus nos abandonou. É porque existem muitos motoristas irresponsáveis e governantes displicentes.

Se a cada ano milhares de crianças morrem de fome no mundo, não é porque rezamos pouco em favor delas. É porque não estamos praticando o mandamento de amar o próximo como a nós mesmos.

É verdade que Deus cuida até das aves do céu, que "não semeiam nem colhem" (Mateus 6,26), mas isso não as dispensa de procurar "o pão de cada dia". Deus não despeja alimento em "bicos voltados para cima", como disse o escritor Anthony de Mello.

## Nossa responsabilidade

Deus nos ama tanto que seu próprio filho morreu por nós na cruz. Mas há uma coisa que ele não faz por nós: assumir nossa responsabilidade. Ele é pai, mas não é um pai superprotetor. Por isso mesmo, acredita em nós, em nossa capacidade de decidir e de ser responsáveis.

Se Deus fosse responsável pela sociedade, tudo seria diferente. Para começar, não haveria uma só criancinha morrendo de fome. Sequer esperaria por nossas orações para resolver os problemas, pois, conforme o Evangelho de Mateus (Mateus 6,8), Deus sabe melhor do que nós tudo aquilo de que necessitamos.

### De quem é a responsabilidade?

Era uma vez um árabe que foi visitar um grande mestre e lhe disse:

— É tão grande a confiança que tenho em Alá que, ao vir aqui, nem ao menos amarrei o meu camelo.

E o grande mestre respondeu:

— Vai amarrar o camelo, idiota, porque Deus não se ocupa das coisas que você pode fazer!

MELLO, Anthony de. *Autolibertação*. São Paulo: Loyola, 2005. p. 55.

Biry Sarkis/Arquivo da editora

A oração, porém, é indispensável. Precisamos rezar insistente e fervorosamente (Lucas 11,5-13; 18,2-8), para que Deus nos torne mais responsáveis, para que nos ajude a multiplicar os **talentos** que nos confiou (Mateus 25,14-30) e, sobretudo, para que o amemos sobre todas as coisas e o próximo como a nós mesmos. Isso é o essencial.

**Talento:** nesse contexto significa uma medida equivalente a 33 quilos de ouro.

## Por que Jesus fez milagres?

Jesus curou doenças físicas e mentais, dominou as forças da natureza e ressuscitou mortos.

Os milagres são sinais da divindade de Jesus. Ao realizá-los, demonstrou que era o filho de Deus e que veio nos libertar. Seus milagres são sinais de sua missão divina. Mas os milagres são menos importantes do que a presença de Jesus entre os homens e seus ensinamentos. Os milagres beneficiaram apenas alguns, mas a presença do Salvador beneficia a humanidade toda.

Jesus não veio nos ensinar a fazer milagres. Ele próprio não veio à Terra para fazer milagres. Veio para nos salvar e para nos ensinar a amar. O amor é a energia que transforma as pessoas e o mundo.

Existe uma crença de que Deus está sempre intervindo nos acontecimentos de cada dia. Quando uma criança se salva de um acidente de automóvel, as pessoas logo afirmam que se trata de um milagre. Elas se esquecem de perguntar por que Deus não salvou também os pais dessa criança e as outras pessoas que morreram no acidente.

O rabino Nilton Bonder conta que, certa vez, num enterro realizado em um dia chuvoso, a viúva, ao ser cumprimentada por ele, exclamou: "Rabino, até Deus está chorando". Então, alguém ao lado sussurrou: "Quer dizer que, quando alguém morre num dia ensolarado, Deus está rindo?".

Album/akg-images/Fotoarena/Kupferstichkabinett, Berlim, Alemanha

Além de Lázaro, Jesus ressuscitou também a filha de Jairo. *A ressurreição da filha de Jairo*, 1816, do pintor alemão Friedrich Overbeck. (Lápis lavável.)

### *Pedindo milagres*

Podemos pedir milagres? Podemos, sim. Só não podemos nos esquecer de que, antes de implorar a intervenção divina, precisamos fazer tudo aquilo que está ao alcance de nossos esforços. Às vezes, Deus atende nosso pedido, mas não do jeito que queremos, pois ele conhece nossas necessidades melhor do que nós mesmos.

## Para ler e pensar

### Vou rezar pro meu sertão

Marco Antonio Rezende/Brazil Photos/LightRocket/Getty Images

A seca é um fenômeno que castiga várias áreas do Nordeste brasileiro há décadas. Criança procura água sem sucesso durante seca no Ceará. Foto de 2014.

Terra seca, nuvem que não chove
Rio que não corre, vou rezar pro meu sertão!
Vida morta, gente machucada
Terra abandonada
Vou rezar pro meu sertão!

Mas não te peço, meu Jesus, nenhuma chuva
Pra chover de vez em quando
E pra molhar o meu sertão

Tudo o que eu peço é um governante corajoso
Que defenda o nosso povo
E que se sinta nosso irmão

Que tenha força de enfrentar aquela gente
Que da seca faz dinheiro, e que não quer mudança não!
E dessa vez, em vez de desviar dinheiro
Alguém desvie um rio inteiro
Pra molhar o meu sertão!

Quem tem dinheiro pra fazer tantas estradas
E um enorme gasoduto
E tanta usina nuclear...
Se fez estradas, também faz encanamento
E, se tiver bom sentimento,
Também faz água chegar

Que gente moça ou gente velha corajosa
Tenha pena desta terra
E jogue um rio no sertão!
E, dessa vez, em vez de a gente pedir chuva,
A gente pede é mais semente
E a fome acaba no sertão!

PE. ZEZINHO. Vou rezar pro meu sertão. In: ______. *A canção e a mensagem:* não deixes que eu me canse. São Paulo: Paulinas-Comep, [s.d.]. v. 10. 1 CD, Faixa 6.

# Atividades

## Vamos refletir?

**1** **Assinale o item com a palavra ou expressão que completa corretamente a lacuna da frase.**

a) Reza-se para agradecer, mas também para ________________.

( ) reclamar dos problemas ( ) pedir

b) Encontram-se exemplos de oração ________________.

( ) na Bíblia ( ) nos livros didáticos

c) Grande parte das orações está no livro ________________.

( ) do Gênesis ( ) dos Salmos

**2** **Há pessoas que interpretam mal o "pedi e recebereis": pedem a Deus até coisas fúteis e não fazem o necessário esforço de sua parte. Relacione as frases que se completam.**

- **Quem pede a Deus para...**

| | |
|---|---|
| ( 1 ) passar de ano, deve | ( ) ... procurar cuidadosamente. |
| ( 2 ) ganhar na loteria, deve | ( ) ... alimentar-se e cuidar-se. |
| ( 3 ) achar algo perdido, deve | ( ) ... estudar seriamente. |
| ( 4 ) fazer boas colheitas, deve | ( ) ... comprar o bilhete. |
| ( 5 ) ter boa saúde, deve | ( ) ... dirigir com cuidado. |
| ( 6 ) viajar com segurança, deve | ( ) ... plantar com técnica. |

CONCLUSÃO: **Confie** como se tudo dependesse de Deus, mas **aja** como se tudo dependesse de você.

## Pensando juntos

**3** **Complete, com um colega, as frases com as palavras propostas.**

capacidade coragem problemas

a) Não se deve pedir a Deus que resolva os ________________ em nosso lugar, pois ele nos deu a ________________ de fazê-lo. Mas pode-se pedir-lhe força, ________________ e discernimento para resolvê-los.

coração injustiças fome amor

b) Não se deve pedir a Deus que acabe com a ________________ na terra ou que resolva as ________________ e males do mundo. Mas devemos pedir-lhe que abra o nosso ________________ para a prática do amor ________________.

inteligência ano vontade deus

c) Não devemos pedir a ______________ que nos faça passar de ______________. Mas podemos pedir-lhe que ilumine nossa ______________ e força de ______________ para estudar com eficiência.

**4** **Em dupla, decifrem o código com os números e descubram a conclusão.**

- Deus nos ama tanto que enviou seu próprio Filho para morrer por nós na cruz. Mas há uma coisa que ele não faz por nós. Descubram!

| Código | |
|---|---|
| 1 = a<br>2 = b<br>3 = d<br>4 = e<br>5 = i<br>6 = l<br>7 = m<br>8 = n<br>9 = o<br>10 = p<br>11 = r<br>12 = s<br>13 = u | ________________<br>1 12 12 13 7 5 11<br><br>________________<br>1 8 9 12 12 1<br><br>________________________________<br>11 4 12 10 9 8 12 1 2 5 6 5 3 1 3 4 |

## Trocando ideias

**5** **Converse com o professor e os colegas e assinale sim (S) ou não (N) para o que vocês pediriam a Deus na oração. Depois escreva a justificativa para seus pedidos.**

( ) Coragem.

( ) Emagrecer.

( ) Engordar.

( ) Fé.

( ) Perder o medo de animais.

( ) Um novo *videogame*.

## Saiba mais

Reprodução/Editora Paulinas

***As grandes religiões do mundo.* Benoit Marchon e Jean François Kieffe, Paulinas, 2011.**

No livro, seis crianças de diferentes países falam de sua religião com suas próprias palavras, de maneira simples e direta. Quais são seus livros sagrados, onde vão para rezar, como se passam as principais festas de sua religião, etc. O livro ensina quais são estas religiões e como respeitar aqueles cuja fé é diferente da nossa.

***A energia da oração.* Thich Nhât Hanh, Vozes, 2006.**

Livro que, partindo da tradição oriental, aborda de forma simples como é possível vivenciar a oração no dia a dia. A oração, para ele, não é algo complexo, mas algo natural e tão presente na vida quanto a própria respiração, o ato de caminhar ou de se alimentar.

Reprodução/Editora Vozes

Reprodução/Alex Kendrick/Tristar Pictures/Faithstep Films

***Quarto de guerra.* Direção de Alex Kendrick. Estados Unidos, 2015. 1 DVD.**

Quando as coisas começam a ir mal e o casamento entra em crise, Elizabeth começa a repensar sua postura diante das dificuldades. Com a ajuda de uma senhora, ela aprende a transformar todas as suas atitudes e a reconhecer o valor que a oração tem em sua vida e na de sua família.

# Hinduísmo (II)

## Os deuses

Há milhares de deuses no hinduísmo. Mas dentre eles destaca-se uma trindade:

- **Brahma**, o criador do mundo. Ele tem quatro rostos e quatro braços que lhe permitem ver e agir em toda parte.
- **Vishnu**, o conservador do mundo. Ele protege as leis naturais e a ordem do mundo.
- **Shiva**, o destruidor do mundo. Quando isso acontece, Brahma cria novamente o mundo.

CSP_mkistryn/Easypix Brasil

Pôster de azulejos com representação dos deuses hindus.

Os hindus acreditam que o tempo é dividido em ciclos. Depois de cada ciclo, Shiva dança sobre o mundo até reduzi-lo em pedaços.

No dia a dia, o povo prefere os deuses secundários, inclusive aqueles de origem humana, como os heróis que morreram nas guerras. A maioria das famílias tem num local da casa um altar dedicado a seus deuses particulares.

## Os livros sagrados do hinduísmo

- **Vedas**: ao contrário de outras religiões, o hinduísmo tem vários livros sagrados. Os mais antigos são os Vedas, que começaram a ser criados a partir de 1200 a.C. Eles são constituídos de quatro coleções de textos.

Os Vedas retratam a experiência do povo indiano através de milhares de anos. A intervenção divina, a busca da verdade absoluta, a perfeição humana, o sentido da vida e da morte, a felicidade, as virtudes, os vícios, as guerras e as festas são configurados em narrativas, parábolas, poemas, diálogos e reflexões filosóficas.

- **Upanishads**: comentários e reflexões dos brâmanes sobre os Vedas deram origem a outros livros. O mais importante são os Upanishads. É muito profundo e apreciado por **místicos**, filósofos e literatos. É um dos textos mais lidos do hinduísmo.

**Místico:** aqui tem o sentido de pessoa com o lado espiritual muito desenvolvido.

- **Epopeias**: epopeia é um longo poema sobre um assunto heroico. O hinduísmo tem longas e famosas epopeias. A mais famosa é o *Mahabharata*, com mais de cem mil estrofes de quatro versos. É o poema mais longo da literatura mundial. Ele narra a guerra entre dois grupos de primos. É um conflito entre o bem e o mal, entre o amor e o ódio.

A parte mais importante de *Mahabharata* chama-se *Bhagavad Gita*, que ensina os caminhos da libertação (*moksha*) e é considerada a essência do conhecimento védico. O *Bhagavad Gita*, constituído de um diálogo entre Sri Krishna e um príncipe chamado Arjuna, também é conhecido como *Canção de Deus*.

> Com os sentidos descontrolados, a pessoa não tem poder de discriminação e seus pensamentos não têm significado algum. Sem pureza de pensamento, a pessoa não pode atingir a paz, e, sem paz mental, como pode alguém pretender obter a verdadeira felicidade?
>
> BHAGAVAD GITA, capítulo 2, verso 66. São Paulo: Prema, 2012.

Macrovector/Shutterstock

FotoFlirt/Alamy Stock Photo/Fotoarena

Pintura representando uma cena do *Bhagavad Gita*, na qual Krishna entra no campo para a batalha contra Arjuna.

- *Om*: o "om" é considerado o som universal de meditação, o que gera o acesso às mais altas realizações espirituais. Observe a representação do som "om" em híndi (uma das línguas faladas na Índia). O "3" significa a trindade dos deuses hindus (Brahma, Vishnu e Shiva) e o "o" representa o silêncio para chegar aos deuses. O som obtido pela pronúncia do "om" é um mantra (sílaba, palavra e/ou verso recitados ou cantados ritualisticamente), empregado no início das orações, bênçãos e leitura dos livros sagrados hindus. Ele simboliza a perfeição espiritual.

Piter Kidanchuk/Shutterstock

Representação do som "om" em híndi.

## Atividades

**1** **Diferentemente da maioria das religiões, o hinduísmo tem milhares de deuses.**

a) Quais são os principais?

______________________________________________

b) Com base no que você estudou, responda abaixo.

- Quais as características do deus Brahma?

______________________________________________

______________________________________________

- Identifique a função do deus Vishnu.

______________________________________________

______________________________________________

- A que vem o deus Shiva?

______________________________________________

______________________________________________

**2** **A respeito dos livros sagrados hindus, responda abaixo ao que se pede.**

a) Como se chamam os mais antigos?

______________________________________________

______________________________________________

b) Quais são os principais assuntos tratados nos Vedas?

______________________________________________

______________________________________________

______________________________________________

**3** **Assinale os tipos de textos usados nos Vedas.**

( ) narrativas
( ) charadas
( ) parábolas
( ) poemas
( ) crônicas
( ) diálogos
( ) reflexões
( ) piadas

4 **O que é, o que é? Em duplas, consultem o texto para descobrir de qual dos livros sagrados do hinduísmo estamos falando.**

a) Um dos textos mais lidos. É muito profundo e apreciado por filósofos e amantes da literatura. Trata-se de comentários e reflexões dos brâmanes sobre os Vedas.

É o livro chamado ______________.

b) A mais famosa das epopeias do hinduísmo. Tem mais de cem mil estrofes de quatro versos. É o mais longo poema da literatura mundial e narra a guerra entre dois grupos de primos.

É o livro chamado ______________.

c) Profundo e belo livro, conhecido como *Canção de Deus*. É considerado a essência do conhecimento védico. Tem a forma de diálogo e ensina os caminhos da libertação (*moksha*).

É o livro chamado ______________.

5 **Observe, no final do texto, o belo símbolo do hinduísmo, chamado *om*.**

a) Desenhe esse símbolo.

b) Explique o seu significado.

______________________________________________

______________________________________________

______________________________________________

# Bibliografia


### Religião

Os livros sugeridos abaixo trazem noções básicas das principais religiões do mundo. Ricas em imagens e com pesquisas sólidas, as obras revelam como e onde surgiram várias crenças religiosas, seus rituais, mandamentos, as localidades com maior número de praticantes, etc.

CARIELLO, Sergio. *Bíblia em ação:* a história da salvação do mundo (HQ). Santo André: Geográfica, 2011.

FINE, Doreen. *O que sabemos sobre o judaísmo?*. 2. ed. São Paulo: Callis, 2009. (O que sabemos sobre).

FREEDMAB, Paul et al. *O livro das religiões*. 2. ed. São Paulo: Globo, 2016. (As grandes ideias de todos os tempos).

GANERI, Anita. *O que sabemos sobre o budismo?*. 2. ed. São Paulo: Callis, 2009. (O que sabemos sobre).

______. *O que sabemos sobre o hinduísmo?*. 2. ed. São Paulo: Callis, 2009. (O que sabemos sobre).

HUSAIN, Shahrukh. *O que sabemos sobre o islamismo?*. 2. ed. São Paulo: Callis, 2009. (O que sabemos sobre).

VERGER, Pierre Fatumbi. *Lendas africanas dos orixás*. 4. ed. Salvador: Corrupio, 2011.

WATSON, Carol. *O que sabemos sobre o cristianismo?*. 2. ed. São Paulo: Callis, 2009. (O que sabemos sobre).

WILKINSON, Philip. *Religiões*. Rio de Janeiro: Zahar, 2011. (Guia Ilustrado Zahar).

### Mitologia

As mitologias dizem muito sobre a cultura de um povo e constituem sua forma de explicar os fenômenos que não compreendem por outros meios. A mitologia da Grécia antiga é uma valiosa fonte de conhecimento sobre religião e artes. Até hoje os mitos gregos influenciam a ciência, a arte, as leis e a cultura em geral.

BELLINGHAM, David. *Introdução à mitologia grega*. Lisboa: Estampa, 2000.

BULFINCH, Thomas. *O livro da mitologia*. 2. ed. São Paulo: Martin Claret, 2015.

FRANCHINI, A. S.; SEGANFREDO, Carmen. *As melhores histórias da mitologia nórdica*. 13. ed. Porto Alegre: Artes e Ofícios, 2013.

POUZADOUX, Claude. *Contos e lendas da mitologia grega*. São Paulo: Cia. das Letras, 2001.

WILKINSON, Philip; PHILIP, Neil. *Mitologia*. 2. ed. Rio de Janeiro: Zahar, 2010. (Guia Ilustrado Zahar).

### Filosofia

A filosofia surgiu na Grécia antiga e se espalhou pelo mundo. Ela gerou novas ideias e possibilidades, ensinando o ser humano a conviver com a pluralidade de opiniões. Além de ajudar a desenvolver a capacidade crítica, os estudos filosóficos conduzem à melhor compreensão dos diversos dilemas vivenciados pela humanidade.

GAARDER, Jostein. *O mundo de Sofia*. São Paulo: Cia. das Letras, 2012.

HEER, Margreet de. *Filosofia em quadrinhos para principiantes*. São Paulo: Cultrix, 2013.

LAW, Stephen. *Filosofia*. 3. ed. Rio de Janeiro: Zahar, 2008. (Guia Ilustrado Zahar).

MICHAUD, Yves. *Filosofia para adolescentes*. São Paulo: Escala Educacional, 2007.

NAGEL, Thomas. *Uma breve introdução à filosofia*. 3. ed. São Paulo: WMF Martins Fontes, 2011.

SAVATER, Fernando. *Uma história descomplicada da filosofia*. São Paulo: Planeta do Brasil, 2015.

### Fábulas

As fábulas são histórias curtas e antigas, cujos personagens geralmente são animais que falam e se comportam como seres humanos, reproduzindo inclusive seus defeitos e qualidades. O mais interessante nas fábulas são seus finais, sempre surpreendentes e curiosos.

LA FONTAINE, Jean de. *O melhor de La Fontaine:* fábulas. São Paulo: Escrituras, 2012.

LOBATO, Monteiro. *Fábulas*. 2. ed. São Paulo: Globo, 2012.

MOGENET, Jean-Philippe. *Fábulas de Esopo*. São Paulo: Cia. das Letrinhas, 2013.

PERRAULT, Charles. *Contos da mamãe gansa*. São Paulo: Cosac Naify, 2015.

### Outras obras importantes

DRUON, Maurice. *O Menino do Dedo Verde*. Rio de Janeiro: José Olympio, 2016.
Com seu polegar verde, o menino pode fazer germinar e florescer qualquer semente, mesmo as invisíveis para nossos olhos. As flores que nascem não deixam o mal crescer.

FRANK, Anne. *O diário de Anne Frank*. Rio de Janeiro: Record, 2013.
Talvez esse seja um dos diários mais famosos do mundo. A adolescente Anne Frank narra o tempo em que ficou escondida com sua família no sótão de uma casa na Holanda, durante a ocupação nazista na Segunda Guerra Mundial. O diário expressa os sentimentos de uma jovem na iminência de ser presa e na esperança de sobreviver ao terror. Há que se destacar a solidariedade da família que ocultou os Frank.

SAINT-EXUPÉRY, Antoine de. *O Pequeno Príncipe*. 51. ed. Rio de Janeiro: Agir, 2015.
*O Pequeno Príncipe* é considerado um dos livros mais importantes do século XX por causa dos ensinamentos éticos que traz. O personagem principal é um principezinho que viaja por vários planetas. Seus diálogos com os personagens com os quais interage (uma rosa, um homem solitário, uma raposa, entre outros) são encantadores. *O Pequeno Príncipe* é uma lição de vida, com noções de solidariedade, cidadania e ecologia. Crianças, jovens ou adultos, todos têm o que aprender com essa obra.

WILDE, Oscar. *O retrato de Dorian Gray*. Adaptação de Clarice Lispector. Rio de Janeiro: Rocco, 2016.
Dorian Gray é jovem, muito bonito e virtuoso. Sua beleza é retratada de tal forma em um quadro feito pelo pintor Basil Hallward que deixa transparecer toda a sua pureza e inocência. Mas a beleza que tanto chama a atenção das pessoas acaba se tornando a fonte de seus problemas. Diversos dilemas vão se apresentando no decorrer desse clássico adaptado por Clarice Lispector, uma das maiores escritoras brasileiras.